Caroline Oblasser

Lass es raus!

Die freie Geburt: Methode mit Gebärmutter, Scheide und Co

edition riedenburg

Bibliografische Information der Deutschen Nationalbibliothek
Die Deutsche Nationalbibliothek verzeichnet diese Publikation in der Deutschen Nationalbibliografie; detaillierte bibliografische Daten sind im Internet über http://dnb.d-nb.de abrufbar.

Besonderer Hinweis

Das vorliegende Buch wurde sorgfältig erarbeitet. Dennoch erfolgen alle Angaben ohne Gewähr, zumal auch zahlreiche subjektive Erinnerungen und persönliche Erfahrungen geschildert werden, die sich nicht verallgemeinern lassen. Weder Autorin noch Verlag können für eventuelle Nachteile oder Schäden, die aus den im Buch vorliegenden Informationen resultieren, eine Haftung übernehmen. Befragen Sie im Zweifelsfall bitte Hebamme, Stillberaterin, Ärztin/Arzt, ApothekerIn oder TherapeutIn.

Dieses Buch enthält eingetragene Warenzeichen, Handelsnamen und Gebrauchsmarken. Wenn diese nicht als solche gekennzeichnet sein sollten, so gelten trotzdem die entsprechenden Bestimmungen.

Die Personen der Kurzgeschichten sind frei erfunden. Übereinstimmungen mit lebenden oder verstorbenen Personen sind rein zufällig und nicht beabsichtigt.

1. Auflage	August 2011
© 2011	edition riedenburg
Verlagsanschrift	Anton-Hochmuth-Straße 8, 5020 Salzburg, Österreich
Internet	www.editionriedenburg.at
E-Mail	verlag@editionriedenburg.at
Fachlektorat	Ärztin Anna Rockel-Loenhoff, Unna
Lektorat	Dr. phil. Heike Wolter, Regensburg
Satz und Layout	edition riedenburg
Illustrationen	Rosen & Herzen © ultramarin – Fotolia.com
Herstellung	Books on Demand GmbH, Norderstedt

ISBN 978-3-902647-47-4

Was dich in diesem Buch erwartet:

Willkommen in der absoluten Weiblichkeit! 6
Annas selbstständige Geburt und die Folgen 9
Babys Festung und seine erste große Reise 23
Die freie Geburt: Wie du es rauslassen kannst 30
Die Eier-Reise und dein regelmäßiger Zyklus 30
Wertvolle Lebenshormone aus deinen Eierstöcken 31
Die Mutter aller Mütter: Deine Gebärmutter 33
Sprichst du schon mit deinem Muttermund? 34
Oh – ein Orgasmus, ganz weit drinnen! 34
Dein Schatzkästchen: Die Scheide und ihre Pflege 35
Der Spaß in der potenten Scheide: Das Scheidengewölbe 40
Schamhaare und Modefrisuren 40
Deine extreme Reizsteigleitung: Schamlippen und Klitoris 41
Damit dein Damm hält! 44
Was wirklich nicht sein muss: Der gemeine Dammschnitt 46
Was manchmal sein kann: Dammrisse und deren Heilung 47
Massagen und (partnerschaftliche) Übungen für deinen Damm 48
Das Baby wächst – aber wann will es raus? 52
Den Geburtstermin gibt es nicht 52
Halbfertiger Kuchen und Abrissbagger 53
Das mangelhafte Ausscheiden und die Geburtsreiseverstopfung 54
Vertrau deinem Kind und feiere den Abschied 56
Entspanne dich und scheide aus 57
Muttermund, öffne dich! 58
Wellen, Wogen, Wehen 62
Übungswehen 62
Eröffnungswehen 63
Presswehen 63
Geburts-Gedanken von Abnabeln bis Zufüttern 64
Mein schwangeres Gefühl 75

Was fühlst du in dir, wenn du das Wort „Geburt" hörst?

Auf welche Weise bist du zur Welt gekommen?

Willkommen in der absoluten Weiblichkeit!

Du hast dir dieses Buch gekauft oder es geschenkt bekommen. Warum eigentlich? Bist du vielleicht schwanger oder einfach nur neugierig, wie das mit dem Kinderkriegen so funktioniert? Siehst du dir im TV manchmal Baby-Dokus an, wo gebrüllt, nach Anleitung gepresst und am Ende womöglich sogar (in den Bauch) geschnitten wird? Ich möchte dich dazu einladen, deinen Frauenkörper mit Spaß und Freude zu entdecken. Vertrau deinem Instinkt, wenn es zum Beispiel darum geht, bei wichtigen, intimen Ereignissen nicht beobachtet zu werden, denn ein solches Ereignis ist die Geburt. Kümmere dich rechtzeitig um jene Personen, denen du gestatten wirst, bei der Geburt deines Kindes dabei zu sein – beziehungsweise stelle früh genug fest, wen du ganz sicher nicht dabei haben möchtest.

Und, besonders wichtig, finde heraus, welchen Ort du dir für die langwierige Eröffnung deines Unterleibs und das Heraustreiben deiner Leibesfrucht vorstellen kannst. Das klingt jetzt etwas geschwollen, aber vielleicht kannst du anhand dieser gestelzten Formulierung erahnen, dass sich am Gebären seit Menschengedenken nichts geändert hat. Es ist und bleibt ein Ausscheidungsvorgang, der hochsensibel und störungsanfällig ist. Daher sollten vor allem außenstehende Personen schwangere Frauen mit höchstem Respekt behandeln und bei „Maßnahmen" an der wehenden Frau drei- bis siebenmal gründlich überlegen, ob diese angemessen oder unbedingt notwendig sind – vorausgesetzt, dass du diese „Maßnahmen" überhaupt zulässt und dich in eine Umgebung begibst, wo man gedenkt, mit Worten oder Taten deinem mächtigen, Ehrfurcht einflößenden Bauch zuleibe zu rücken. Du bist Natur, du bist Schöpfung, du bist die Weisheit der Erde, und in dir wächst ein wahres Wunder, nämlich das Leben dieser Welt! Andere dürfen sich vor dir verneigen, alles andere entscheidest du.

Ein Kind kannst du, wenn du gesund und gut bei Kräften bist, ganz alleine zur Welt bringen, denn dein Körper ist nicht auf externe Hilfeleistungen bezahlter (Fach-)Kräfte angewiesen. Die Möglichkeit der „Alleingeburt" ist keine Option für dich? Dann findest du dich bei der Mehrheit jener Frauen wieder, die in Begleitung von Familienangehörigen, Freunden, Hebammen, Ärzten oder anderen bezahlten Geburtsbegleiterinnen gebären. Nun stellt sich noch die Frage, wo du das Kind – am besten unverletzt – rausschiebst und dabei ganz „auf Nummer Sicher" gehst. Nun: Prinzipiell überall dort, wo du dich wohl und geborgen fühlst, wo du ideal entspannen und dich komplett vergessen kannst. Gebären ist geil und gut, wenn du dich auf das einlässt, was passiert, und wenn du um die Angst, dass es zu heftig werden könnte, herumkommst. Du bekommst auf natürliche Weise die Wehen, die du vertragen kannst, weil dein Körper weiß, wie stark du bist. Dennoch wirst du vielleicht überrascht sein, wie heftig es dich mitnimmt. Und in jedem Fall wirst du so stark beeindruckt sein, dass du lebenslang an die Geburt zurückdenkst. Arbeite daher schon jetzt daran, aus deiner Geburt das beste Ereignis der Welt zu machen, du hast es dir verdient! Wie du das anstellen sollst? Das ist eine gute Frage, und Antworten darauf wirst nur du dir geben können, indem du im Vorfeld herausfindest, was genau du möchtest. Sogar eine klassische „Checkliste“ kann hilfreich sein, damit du auch ja nichts vergisst und deine Planungen über den Haufen wirfst, angesichts des immer größer werdenden Bauches ...

Die Geburt kannst du nicht proben, und selbst wenn du bereits geboren hast, wird die nächste Geburt anders sein als die vorangehende. Sogar Frauen mit vier, fünf oder sechs Kindern sind vor der nächsten Geburt angespannt, nervös oder haben sogar Angst. Das ist ganz normal, und du brauchst dich als „Geburts-Anfängerin“ nicht von aufkeimenden Ängsten einschüchtern zu lassen, denn du wirst voraussichtlich sowieso welche haben. Anders als bei einem spannenden Film kannst du beim Gebären jedoch kein „Tuch vors Gesicht“ drücken, um die besonders gruseligen Stellen auszublenden. Hat die Geburt einmal begonnen, gibt es kein „Time-out“ mehr, kein Zurück und kein „Moment mal, ich hab es mir anders überlegt“. Sprich daher offen über deine Geburtsängste und lass dir nicht weismachen, dass das Zur-Welt-Bringen eines Kindes entweder „ein Klacks“ oder aber „der reinste Horror“ sei.

An dieser Stelle möchte ich dich fragen, ob du ein großes Fest oder eine wichtige Abschlussprüfung angemessen vorbereiten würdest. Vermutlich antwortest du mit „ja“. Was aber, wenn dieses Fest oder diese Prüfung Tausend, Hunderttausend, Millionen Mal größer, wichtiger und imposanter wäre als alles das, was du bisher kanntest?

Gönne dir daher eine kurze Verschnaufpause, um zu überlegen – genau wie dir auch dein Körper während der Geburt verschiedene Pausen einräumen wird. Pausen, keinen Stillstand!

Dein Pausen-Raum

Das Gute zuerst: Für das Fest und die Prüfung der Geburt brauchst du keinen Management-Kurs und noch nicht einmal einen „Geburts-Vorbereitungskurs“ zu belegen.

Und nun das noch Bessere: Die geeignete Vorbereitung für dich besteht darin, dich in Ruhe mit deinem Körper, der Schwangerschaft und deinen Erwartungen an die Geburt zu beschäftigen. Lerne, bei dir selbst zu bleiben und Leuten zuzuhören, die Lebensfreude und Mut ausstrahlen.

Sei Forscherin und stelle selbstbewusst fest, dass du

- für die Vermehrung deiner Art von Mutter Natur perfekt ausgestattet wurdest,
- das Kind in dir in einer vollkommen geschützten Hülle trägst,
- mittels langzeiterprobter Dauer-Sauerstoff- und Dauer-Nährstoff-Zufuhr dafür sorgst, dass es kontinuierlich wächst und permanent bestens versorgt ist,
- in enger Abstimmung mit dem Kind die Geburtszeit heranreifen lässt und
- in hormonellem Einklang mit dem kindlichen Kreislauf dafür sorgst, dass dein Kind aus dir herauskommen wird – wenn du es zulässt, wenn dein Kind es zulässt und wenn du dich auf das Abenteuer einzulassen bereit bist.

Lass es zu und lass es raus! Du wirst kein „Anstupsen“ und keine schwangerschaftsverkürzenden Experimente benötigen, um dein reifes Kind selbst zu gebären.

Mach dich frei von gefährlichen Geburtspraktiken anderer Leute und nimm dir stattdessen Frauen zum Vorbild, die ihre gesunden Kinder verletzungsfrei in die äußere Welt gelassen haben. Es gibt sie, und du findest sie vor allem dort, wo die Geburt in der geschützten Geborgenheit der eigenen vier Wände stattgefunden hat.

Unendlich viel Angst vor der Geburt – was tun?

Vor einem Ereignis wie der Geburt Respekt oder sogar Angst zu haben, ist normal. Immerhin begibst du dich auf völlig neues Terrain und weißt nicht, was dich erwartet. Auch beim Wandern auf einem neuen Weg würdest du dich erst mit dem Untergrund vertraut machen wollen, bevor du dich darauf einlässt und festen Schrittes voranschreitest.

Sicherlich kennst du die berühmte Reiseverstopfung, die dich ereilt, sobald du am neuen Urlaubsort angekommen bist. Was ist passiert? Die Umgebung ist neu, die Toiletten sind ungewohnt bis unhygienisch, das Essen ist fremd und die lange Reise hat dich insgesamt sehr mürbe gemacht, wenngleich du dich auf den Urlaub gefreut hast. Du bist müde und möchtest schlafen, das Zimmermädchen klingelt dich jedoch hoch und zieht dir das Kopfkissen weg? Lass nicht zu, dass deine Geburtsreise eine unbestimmte Reise wird, an deren Ende du von fremden Leuten ungefragt gestört wirst, denn du kannst hier keine Reiserücktrittsversicherung abschließen und das Vergangene auch nicht wiederholen. Besprich dich mit deiner Hebamme und deinen engsten Vertrauten, auch und vor allem, was deine Ängste vor den Geburtsschmerzen und eventuellen Verletzungen angeht. Manchmal kann es sinnvoll sein, eine(n) (Fach-)Arzt / Ärztin einzuweihen. Überlege dir jedoch vor einem Besuch gründlich, wer für dich der/die richtige AnsprechpartnerIn sein könnte, bevor du aufgrund deiner Uninformiertheit womöglich von Fachworten und Verdachtsdiagnosen erschlagen und deiner puren Schwangerschaftsfreude beraubt wirst.

Als Schwangere hörst du gewisse Dinge anders als im Zustand der „normalen" Frau. Ein falsches Wort kann dich manchmal schon aus der Bahn werfen und speziell während der Geburt einen Stau oder eine unwillkürliche Zurückhaltung provozieren. Traue daher deinem Instinkt, wenn es um die Wahl der richtigen Geburtsbegleiter geht. Du bist die Chefin, und du wirst gebären. Alle anderen müssen sich dir unterordnen, ohne Kompromisse, ohne Wenn und Aber. Keiner kann dir die Geburt abnehmen, aber auch keiner wird durch sie so geprägt werden wie du und das Baby.

Tipp: Hilfreiche Diskussionen kannst du unter **www.privatgeburt.de** *führen, wo sich regelmäßig Mütter mit verschiedenen Gebärerfahrungen austauschen und speziell zur meist verletzungsfrei verlaufenden Hausgeburt umfangreich Auskunft geben können.*

Nun aber zurück zur Geburtsreise und den Geschichten von Anna, Eva und dem Baby ...

Annas selbstständige Geburt und die Folgen

Anna ist vormittags eine halbe Stunde geschwommen, und jetzt ist sie müde. Ihr Bauch ist rund und prall, und manchmal spürt Anna ein heftiges Ziehen. Sie muss dann innehalten und einige Sekunden verschnaufen. „Das sind die Übungswehen", hat ihr die Hebamme neulich erklärt, „... und wenn das Baby weiter so fleißig übt, wird es wohl schon mit Goldmedaille um den Hals zur Welt kommen", murmelt Anna.

„Eher mit Nabelschnur um den Hals als mit Gold", bemerkt ihre Freundin Eva, die vorhin hereingeschneit ist und drei Stück Torte im Gepäck hat. „Zwei für dich, eins für mich", beschließt Eva, und Anna schüttelt den Kopf. „Zwei für dich, eins für mich, besser gesagt, keins für mich, ich ess lieber eine frische Möhre."

Eva ist fassungslos. Zumal sie ganz fest an den Spruch „Iss für zwei!" glaubte und von ihrer übergewichtigen Mutter, der Oma und sogar der Patentante wusste, dass dieser stimmte.

„Also echt, Anna“, motzt Eva beleidigt, „hättest du mir das nicht früher sagen können? Jetzt bleib ich auf dem Creme-Berg sitzen und du machst auf Hase.“

„Du hattest mich ja nicht danach ... ahhh“, doch weiter kommt Anna nicht. Sie hält sich das Kreuz, den Bauch und schnaubt durch die Nase tief ein und aus. Mit ihrer Möhre im Mund schaut sie wohl wirklich bekloppt aus, aber das ist ihr gerade piepegal. „So, geht wieder“, bemerkt sie nach einiger Zeit, und kreist befreit die Hüften.

„Magst du nicht mal zu einem Arzt gehen wegen der komischen Schmerzen?“, möchte Eva wissen und wirkt etwas unsicher. „Welche komischen Schmerzen?“, ist Anna erstaunt. „Schon mal was von Vorwehen gehört?“ „Gehört schon“, kichert Eva, „jetzt grad, bei dir. Und wenn die sich immer so anhören, würde ich eher Stöhnen auf dem Partnervermittlungskanal dazu sagen, viel Unterschied hör ich da nämlich nicht mehr. Ahhh, ahhh, ahhh.“ Eva streckt ihren Bauch heraus und äfft Anna nach, und nur weil Anna gerade wieder in ihrem tiefen „ahhh“ versinkt, schießt sie nicht sofort verbal zurück.

„Du doofe Nuss“, kommt es dann doch von Anna in Richtung Eva, „werd du erst mal schwanger, dann reden wir weiter.“ „Bewahre!“, entfährt es Eva, „mit Matze? Der kann doch nicht mal einen Kinderwagen schieben, geschweige denn dieses Monster von einem Tuch binden, das du dir für deine Drillinge gekauft hast.“ „Das Tuch hat 4 Meter 80 und es passt mein Einling rein“, korrigiert Anna. „Na, wie auch immer, Matze würde das Teil wohl eher zur Hängematte umbauen und sich selber reinlegen. Ich und ein Kind mit dem? Nie und nimmer, wahrscheinlich mach ich morgen eh Schluss.“

„Ahhh“, tönt Anna schon wieder, und Eva wird es langsam unheimlich. Sie blickt nach links und sieht dabei Annas Monsterbauch im Profil, was ihr den Rest gibt. „Drillinge, da müssen Drillinge drin sein, immerhin gibt es Drillinge, sogar Vierlinge, und Anna wünscht sich eh eine Großfamilie, da hat sie nun den Salat ...“, überlegt sie still.

Jäh wird sie von Annas Geburtsspiel unterbrochen. „Jaaaa, Schluss machen, gute Idee! Ahhhh!“, wirft Anna ihren Kopf nach hinten und wirkt wie belämmert. „Anna, alles ok bei dir?“, versichert sich die Freundin, bekommt aber keine Antwort. Anna hat die Augen geschlossen und schnaubt und tönt seltsam vor sich hin. „Anna?“, fragt Eva nochmals vorsichtig nach. „Bislang dachte ich ja, du seist ein Hase. Aber die jetzige Vorführung erinnert eher an einen Ackergaul.“

„Hoooohooohooo“, gröhlt Anna sichtlich amüsiert, „ich kontakte gerade mein Kind, nicht stören!“ Sie streichelt sich über ihren Bauch, da passiert es auch schon. „Huch, hast du das gesehen?“ Eva springt auf und deutet auf Annas Nabel. „Da war eine Beule! Und da, noch eine! Ist das witzig!“ „Hm, mein Wölfchen hat wohl wieder Schluckauf, oder es turnt gerade, weil ihm fad ist oder meine Fürze zu laut waren“, stellt Anna fest und setzt sich aufs Sofa. Sie legt die

Beine hoch und nippt an einem Glas Wasser. „Übel, jetzt riech ich sie auch", hält sich Eva die Nase zu und grinst.

„Hast du eigentlich schon einen Termin in der Klinik?", fragt sie dann beiläufig, ein Stück Torte im Mund. „Was mümmelst du? Welchen Termin?", möchte Anna wissen. „Na, den Termin, an dem das Kind kommt, du Esel. Darf ich dich an deinen Dickbauch erinnern?"

Eva hat irgendwie das Gefühl, von Anna veräppelt zu werden, denn ohne Termin gäbe es schließlich kein Kind, und ohne Klinik auch nicht. „Ach nö", winkt Anna ab, „ich war ja noch nie gut im Einhalten von Terminen, und mein Kind wäre das wohl auch nicht. Daher darf ich dich daran erinnern, Schwester des Tages und der Nacht, dass wir beide fast unsere gesamte Schulzeit hindurch stets zu spät zum Unterricht kamen und sich das in der Studienzeit nur deshalb geändert hat, weil sie an der Uni die Viertelstunde Verspätung zum Programm gemacht haben?"

„Ja, die cum tempore-Sache war praktisch", bestätigt Eva und nickt, „und wenn du dieses studierte und erprobte Extra an Zeit brauchst, könntest du in der Klinik ja einen Termin plus gleich die 15 Minuten Verzögerung mit dazu ausmachen, also einen flexiblen 15-Minuten-Termin." Eva muss selber über sich lachen. „Nee, meine Idee ist doof, oder? 15 Minuten nach 9 Monaten im Bauch, das wäre doch schon rekordverdächtig, wenn das Kind genau in diesen 15 Minuten kommen würde." „... vor allem genau dann, wenn dir jemand Fremdes auf die Möse glotzt und mit der Stoppuhr daneben steht, um den vereinbarten Termin zu überwachen", ergänzt Anna, und beide kichern wie in guten alten Zeiten.

„Frau Pferderübe, Sie sind in genau 12 Minuten dran", gackert Eva mit verstellter Stimme. „Ich zähle Sie jetzt mal an, und Sie erledigen den Rest, um Ihren Termin einzuhalten: Achtung, fertiiig, und jetzt: presseeeen, presseeeen, presseeeen, rauuuuus!"

„Siehst du, Eva, genau deshalb könnte ich in keine Klinik gehen, denn die machen das dort manchmal tatsächlich ungefähr so. Am Ende wird aus den 15 Minuten noch 1 Sekunde und die Weißkittel stürzen sich auf mich, um mit dem Neujahrsbaby in der Zeitung zu landen." „Käse, Anna! Das war doch nur ein Witz von mir!"

„Witz hin oder her, ich steh nun mal nicht auf Termine, und wenn du dir die Deckungsbeitragsbringer so einer Klinik mal etwas genauer ansiehst, dann wirst du rasch feststellen, dass die dort auf sorgsam terminierte Geburten angewiesen sind. Was bedeuten kann: rund 30 Prozent Operations-Quote und im Mittel 5 Tage Aufenthalt nach Operation oder Geburt. Das sichert die Auslastung und gewährleistet, dass am Ende des Quartals auch das Klinikmanagement zufrieden ist – neben Mama und Papa, die glauben, vom Arzt gerettet worden zu sein." Anna und ihre Betriebswirtschaft! Und das, obwohl Anna noch nie ein Ass in Mathe gewesen war.

„Rechnen kann ich zwar nicht so super gut wie du, Eva, aber Abschätzen war schon immer meine Leidenschaft", scheint Anna Evas Gedanken zu erraten. „Und da schätze ich doch mal ganz grob, dass ich mit einer Wahrscheinlichkeit von 1 zu 3 auf einem Tisch liegend die Geburt beende und mit einer Wahrscheinlichkeit von fast 100 Prozent zumindest in den Arm gestochen werde. Ich hasse Spritzen, und weil ich Spritzen hasse, werde ich den Ort meiden, wo man mich so gerne stechen möchte, um an mir Geld zu verdienen. Nein, die gierigen Blutsauger bekommen uns nicht!" Auch Eva hasste Spritzen, überhaupt hasste sie Krankenhäuser. Seit sie als kleines Kind mal in eines rein musste und dort Schmerzen bekam, ertrug sie nicht mal mehr den Geruch. „Das mit den Blutsaugern kann ich verstehen", pflichtet sie ihrer Freundin bei und erinnert sich dabei an vergangene Erlebnisse.

„Aber was willst du jetzt machen? So mit Kind im Bauch und so, mein ich. In so einer Klinik ist es ja wohl doch sehr sicher, heißt es." „Sicher? Du träumst." Anna zeigt Eva einen Vogel. „Wie kann es dort ‚sicher' sein, wenn ich schon kotzen muss bei dem Gedanken, auch nur einen halben Zeh dort reinzusetzen – bin ich krank, oder was? Das ist kein guter Ort für mein kleines Bauch-Wölfchen. Es braucht nämlich die absolute Freiheit, um rausgelassen zu werden. In einer Krankenanstalt werden viele Leute dafür bezahlt, dir zu sagen, was du tun sollst, und einmischen tun sie sich auch. Auf Ansager bin ich bei intimen Dingen aber gar nicht scharf."

„Auch wieder wahr", bestätigt Eva, „ich mag da ja eigentlich auch nicht hin. Aber hast du überhaupt einen Plan B?" „Ich hab nicht nur einen Plan B, sondern einen Plan A", lächelt Anna. „Schon mal das Wort ‚Hebamme' gehört, Eva-Käfer?" „Richtig! Das gab es früher einmal, diese Hebammen. Ich hab sogar ein Buch, wo eine vorkommt." Eva nickt heftig mit dem Kopf, um ihre Aussage jedoch gleich zu revidieren: „Heute gibt es das glaub ich nicht mehr. So freilaufende Hebammen, mein ich. Wirst wohl in die Klinik gehen müssen, um eine zu treffen, hm?"

„Eva, bei dir ist echt Hopfen und Malz verloren, Hebammen sind ja keine Hühner. Schau bloß, dass du ... aaahhhh ... nicht so schnell schwanger wirst. Die Kliniker würden dich aalglatt über den Tisch ziehen und dir alle Behandlungen verkaufen, die sie im Programm haben." „Was heißt hier über den Tisch ziehen?", beschwert sich Eva und runzelt die Stirn. „Ah, verzeihe, ich meinte: Auf den Tisch legen, und dort schnippel schnippel schnippel ..." „Hör auf, Anna! Damit macht man keine Späße!" „Korrekt", pflichtet Anna bei, „so ein Bauchschnitt, Dammschnitt oder Gehirnschnitt, den manche Mütter in Krankenhäusern bekommen, ist wirklich nicht so ohne. Vor allem der Gehirnschnitt, der kann richtig übel ausgehen und ..."

Anna hält sich den Bauch. „Wumm", meint sie nach einer Weile, „also ob das wirklich nur Übungswehen sind, da bin ich mir jetzt gar nicht mehr so sicher. Werd mal meine Hebamme Trude anrufen, vielleicht kann sie ja auf einen Sprung vorbeikommen."

„Wie, meinst du, es geht schon los? Die 15 Minuten von unserem Termin sind ja noch gar nicht rum, und überhaupt kann ich heute kein Baby kriegen. Schon gar nicht hier in deiner Wohnung!“ Eva ist fassungslos und sichtlich verwirrt.

„Hahahaaaaaaa, aaaaahhh, du Scherzkeks“, gibt Anna zurück, „aller Voraussicht nach wirst du heute auch nicht gebären, und morgen und übermorgen und vor allem nächste Woche auch nicht.“ „Ja, richtig“, erinnert sich Eva, „aber du ... aber du hattest doch auch gesagt, dass ... also, ich meine, dass ... das geht doch überhaupt nicht, dass ...“

Eva gelingt es kaum, einen vollständigen Satz zu formulieren. Zu groß ist der Schreck über die möglicherweise kurz bevorstehende Geburt. Aus der Ferne hört sie, wie ihre Freundin mit Trude telefoniert. „... nein, auf die Uhr geschaut aaaahhhh ... hab ich nicht. Es zieht heftig nach unten, und hart ist der Bauch auch, knallhart ...“

Eva ist überfordert. Sie flüchtet erst einmal ins Bad und schließt die Tür hinter sich. „Handtücher, wir brauchen Handtücher. Jede Menge Handtücher! Und Unterlagen! Wir brauchen Plastikunterlagen, wenn dann erst das Blut spritzt. Und dann brauchen wir das Kind, wenn das Kind dann kommt, und die Schere! Wichtig, eine Schere, für die Nabelschnur! Einen Eimer, den brauchen wir auch, einen sehr großen Eimer, für das viele Blut, und das Kind, und den Rest ...“

Es gelingt Eva kaum, sich aufs Pieseln zu konzentrieren, und fast hätte sie sich vor Aufregung in die Hose gemacht. „Bist du fertig?“, steht Anna urplötzlich vor ihr und beendet die wüsten Phantasien, „ich muss mal. Dringend!“

Abends ist alles wieder ruhig. „Trude hat gemeint, das kann noch Tage dauern“, antwortet Anna auf Evas Frage, ob das Baby heute noch kommt. „Och, schade“, ist Eva sichtlich enttäuscht, „und ich hatte mich schon so sehr auf unser Baby gefreut.“

„Du Süße“, drückt Anna ihre Freundin, „aufgeschoben ist ja nicht aufgehoben, und wer weiß, vielleicht bist du dann ja wirklich dabei, wenn es raus will.“ „Hm, ob ich diesen Geburtsstress noch einmal durchstehe?“ Eva ist vollkommen erschöpft, und, obwohl sie eigentlich nur Kuchen gegessen hat, am Ende ihrer Kräfte.

„Weißt du jetzt, was ich damit meine, dass ein Termin keine gute Sache ist?“ „Ja“, nickt Eva. „Termine sind für uns einfach keine gute Idee, sie machen nur Stress, Stress, Stress. Warum sollte sich seit unserer Schulzeit irgendetwas an dieser Tatsache geändert haben. Termine machen Stress, und brauchen wir Stress?“

„Nein“, blöken beide im Chor und verabschieden sich vorerst voneinander.

Vier Tage später

Die Sonne scheint und Annas Wunsch, auf ewig schwanger zu sein, geht gegen Null. Sie fühlt sich nicht nur wie der von Eva vermutete Ackergaul, sondern wie ein fettes, meterbreites Walross. Als solches ist sie im Schnauben und Trägesein zwar spitzenmäßig, alle unnötigen oder gar raschen Bewegungen fallen ihr jedoch schwer und wollen daher wohlüberlegt sein. Dazu gehören für Anna inzwischen auch das relativ rasche Schuheanziehen und der relativ rasche Blick zu Boden.

„Man kann auch Schlapfen tragen und ganz gut geradeaus gucken, da unten gibt es sowieso nichts zu entdecken", findet sie, und wenn sie schon unter der hochsommerlichen Hitze leiden muss, nützt sie wenigstens die Möglichkeit, fast nackt herumlaufen und auf festes Schuhwerk verzichten zu können. „Praktisch, Tisch brauch ich auch bald keinen mehr", stellt sie in der Küche fest und platziert ihr Wasserglas auf einer momentan schluckauf- und babyfußfreien Zone ihres Bauches.

Anna steht gerade so da, eine Apfelspalte im Mund und das Wasserglas auf dem Bauch, da fühlt sie etwas Nasses zwischen ihren Beinen. „Mist, klappt doch nicht so gut mit dem Abstellen, Wölfchen", ärgert sie sich über das vermeintliche Anschütten und greift zum Küchenhandtuch. „Jetzt auch noch den Boden aufwischen, und das in meinem Zustand. Naja, Gymnastik kann nicht schaden, hat Trude gemeint, also runter in die Knie und ..."

„Schwapp" macht es, und das Wasserglas fällt um. Mit einem lauten „Klong" landet es auf dem Boden und rollt unter den Schrank. „Shit", entfährt es Anna, „Glas, du hast dir diesen Platz freiwillig ausgesucht und wirst ihn nun auch eine Weile behalten dürfen. Bis da unten krabbel ich dir sicher nicht nach, kann ja mein Wölfchen später mal übernehmen."

Beinahe muss Anna grinsen über ihre Idee, das Neugeborene als Wasserglasfänger für sich arbeiten zu lassen, und sie geht bereits erste Befehle an das Kind durch. „Rollo, wassi, fassi!", ordnet sie der Luft um sich herum an, und tatsächlich scheint diese zu gehorchen. Denn abermals macht es „platsch", und Anna wird nass.

„Was war das jetzt?", greift sie sich verwundert zwischen die Beine. Warme Soße rinnt da hinunter. „Bin ich jetzt schon inkontinent? Ich dachte immer, Schwangerschaft sei keine Krankheit." Anna läuft aufs Klo, und die unbekannte Flüssigkeit mit ihr. Sie entleert ihre Blase – und stellt dann fest, dass sie immer noch kann, obwohl sie längst nicht mehr muss.

„Das ist es also." Mit einem Schlag wird ihr bewusst, dass sich gerade eine andere Blase in ihr zur Wort gemeldet hat – und die Geburt tatsächlich bevorsteht. Die Hebamme! Sie braucht Trude jetzt ja wohl. Doch wo war gleich wieder die Telefonnummer?

„Die Blase!“, atmet sie hektisch ins Telefon und vergisst vor Aufregung darauf, „hallo“ zu sagen. „Keine Panik, Anna“, beruhigt die erfahrene Hausgeburtshebamme die junge Frau und erkundigt sich nach Details. „Nö, kein Blut. Mir geht's gut, ich hatte ja gerade noch das Wasserglas auf meinem Bauch stehen“, berichtet Anna, und Trude ist im Bilde. „Ruf mich an, wenn du das Gefühl hast, mich zu brauchen“, meint Trude knapp, und Anna ist damit einverstanden.

Doch als sie aufgelegt hat, kommen ihr erste Zweifel. ‚Brauchen‘, was würde dieses Wort in ihrer jetzigen Situation überhaupt bedeuten? Sie hatte zwar bloß einen Blasensprung gehabt, aber immerhin war das der erste Blasensprung ihres Lebens gewesen. Ihr Mann ist auf Dienstreise, und allein die Tatsache, dass er Angst um sie haben könnte, beunruhigt sie. Also ruft sie ihn an, verabschiedet sich für die Nacht und sagt noch, er solle das Mobiltelefon heute besser an lassen. Peter schöpft keinen Verdacht – und Anna ist erleichtert.

Mit einem Stofftuch in der Unterhose tigert Anna durch die Wohnung, um sich dann an Trudes Tipp mit der Toilette zu erinnern. „Nach einem Blasensprung solltest du die Fruchtblase leeren, damit die Gebärmutter erkennt, dass sie jetzt Wehen machen soll“, meinte Trude schon vor Wochen, als Anna sie zum Maßnahmenkatalog nach einem möglichen Fruchtwasserabgang befragte, und auch vorhin hatte Trude die Toilette als guten Geburtsfreund erwähnt.

„Die Fruchtblase leeren, gute Idee“, findet Anna, „im Ausschütten war ich immer schon spitze, dann kann das mit der Fruchtblase ja auch nicht so schwer sein.“

Also rauf aufs Klo und abwarten. Nur, dass Abwarten so gar nicht Annas Ding ist. Da der Kopf ihres Babys schon tief im Becken liegt und daher wie eine Art Ventilverschluss auf den Riss in der Blase wirkt, entwickelt Anna eine besondere „Technik“, die es ihr dennoch erlaubt, die Fruchtblase vom Großteil des Fruchtwassers zu befreien. Wie auf einem Schaukelpferd wippt sie leicht vor und zurück und hört zufrieden, wie sich „tssscchhh tssscchhh tssscchhh“ immer mehr Fruchtwasser schwallartig in den Bauch der Toilette ergießt.

„Babylein, ich lasse jetzt dein Schwimmbad ab, nicht erschrecken“, flüstert sie dem eingenisteten Mitbewohner im Bauch zu und bekommt auch prompt Rückmeldung. „Klock“ macht es, der Tritt in den Rippenbogen sitzt. „Jajaja, wir arbeiten ja beide daran, dass du bald mehr Platz hast, ok?“

Anna wippt noch ein wenig weiter, bis sie das Gefühl hat, mit ihrer Blasebalg-Technik erfolgreich genug gewesen zu sein. Auf einmal bekommt sie Hunger, und zwar so starken, dass sie ihren Bauch laut knurren hört – wie gut, dass Peter vor seiner Abreise noch eingekauft hat! Fetter, geräucherter Lachs muss jetzt her, und noch eine Lage Lachs, und noch eine. Anna mampft wie ein Scheunendrescher und hat das Gefühl, Nahrung für die nächsten zehn Jahre einbunkern zu müssen.

„Hoffentlich kotze ich das später nicht alles wieder aus, das wär sicher eine eklige Fischsauerei“, denkt sie sich noch, bevor sie aufs Sofa kriecht und augenblicklich in einen seltsam bleiernen, satten Schlaf fällt, dem sie sich nicht entziehen kann.

Kein Wecker weckt Anna, sondern etwas anderes. Ein heftiges Ziehen im Unterleib macht sich bemerkbar, und Anna hält sich unwillkürlich den Bauch. „Aha, es ist noch drin.“ Das Maikäfer-Ziffernblatt ihrer Uhr zeigt 21.30 Uhr an, und Anna beschließt, erst einmal den Fernseher anzuschalten. Langweilige Dokusoap-Gesichter glotzen ihr da entgegen, die 42. Wiederholung des Rotlicht-Klassikers mit der berühmten Kaiserschnitt-Mutter aus Hollywood sowie unglaublich günstige Süßwasserperlenketten auf dem Klunker-Kanal.

Doch ob die Kette weiß, rosa oder grau ist, kann Anna gegen Mitternacht schon gar nicht mehr erkennen. Wo war die Zeit nur geblieben? Anna hat sie verarbeitet, irgendwie. Wo sie nun steht, wie weit sie ist? Anna hat keine Ahnung, denn sie ist längst in einer eigenen Sphäre angelangt und gewissermaßen mit ihrem Körper verschmolzen.

Heftig ist die Fahrt, die ihr Geburtszug nun aufnimmt. Eine Art Wehentätigkeit kennt Anna zwar bereits von ihrer freien Menstruation, doch das hier ist keine Ei-Geburt mehr. Hier geht es ans Eingemachte, und Anna nützen die im langwierigen Studium erworbenen akademischen Titel auf einmal genau gar nichts mehr, um mit der gänzlich unbekannten Situation klarzukommen.

„Hirn abschalten, machen lassen“, sagt sie zu sich selbst, und dreht neben dem Hirn auch die Glotze ab. Automatisch greift sie, wie sonst auch vor längeren Sitzungen, nach ihrem Lieblingsbuch mit dem blauen Einband. Sie pilgert zur Toilette, weil ihr Darm eine Entleerung ankündigt. Dort versinkt sie im blauer als blauen Blau ihres Blaubuches, und die Schrift des Titels, auf den sie starrt, ohne ihn zu lesen, vereint sich zu seltsamen Mustern.

„Bin ich auf Drogen?“, fragt sich Anna, die nun seit über einem dreiviertel Jahr keinen Tropfen Alkohol mehr angerührt hat und auch sonst außer gutem Sex niemals Rauschmittel zu sich genommen hat.

Doch weiter geht das seltsame Schauspiel, und Anna spürt nach und nach, wie sich ihr Unterleib verselbstständigt. Gerade will sie daran denken, Hebamme Trude anzurufen, da kommt auch schon ein Schwall an Kraft und Innereien auf sie zu.

„Mo ... moment, warte mal ...“, will Anna die Aktion aufhalten, doch sie kann nicht.

Sie kann gar nichts mehr, außer sich auf ihren Körper und die unglaublich anstrengende Reise zu verlassen, die ihr Baby gerade gemeinsam mit ihr unternimmt.

Annas Darm entleert sich abermals, sie pinkelt kleine Portionen, es kommt schubweise Fruchtwasser aus ihr herausgespritzt.

„Huaaahhh", stöhnt sie und kriecht vor die Badewanne.

Wie sollte es weitergehen? Was würde ihr Körper noch alles mit ihr anstellen?

Mit beiden Händen hält sie sich an den Griffen der Wanne fest und glaubt dann, innerlich zu zerspringen. Wie ein Aufzug fährt es in ihr hinab, doch Anna kann nicht genau sagen, was oder wo es ist. Es ist da, es ist gewaltig und es ist unbeschreiblich stark.

Anna weiß nun, dass sie es nicht mehr schaffen wird, Trude zu holen. „Komm, komm, kommmm!", schreit sie, „mach schooon, koooommm!"

Sie schiebt nach unten mit und richtet sich auf den Knien sitzend empor.

„Jaaaaaaaa", brüllt sie, so laut sie kann und gibt noch einmal alles.

Ihr Körper bäumt sich auf, und das Adrenalin in Annas Adern bringt sie auf gefühlte drei Milliarden Touren. Der Rausch der Schöpfung hat sie voll erfasst, und Annas Kind trägt seinen Teil dazu bei. Es schraubt sich nach unten und massiert dabei ihren Muttermund. Kontrolle? Gibt es nicht mehr. Und doch oder gerade deswegen wächst Anna über sich hinaus. Sie fühlt sich eins mit dem Universum und merkt, wie die Decke über ihr aufgeht. Es blitzt, rauscht und strömt durch sie hindurch, und dann, dann auf einmal, ist es so weit. „Mist, die Unterlage ...", denkt sie sich noch, doch weiter kommt sie nicht. Ohne echte Vorankündigung, sondern komplett plan- und terminlos hört Anna, wie der Kopf ihres Kindes geboren wird. „Flatsch" macht es ziemlich unromantisch, und Anna blickt auf den Boden. Sie entdeckt eine kleine Blutpfütze auf ihrer schneeweißen Badematte und ärgert sich sogleich über den Fleck. Wie absurd!

Noch einmal fordert ihr Körper sie heraus. Nun jedoch ermahnt er sie zur Sanftmütigkeit, und als hätte sie in ihrem Leben nichts anderes gemacht, als hätte sie schon Hunderte Kinder zur Welt gebracht und als würde sie tagtäglich auf den Knien hockend ein Baby aus sich herausgeleiten, stützt Anna vorsichtig den Kopf des Halbgeborenen. Anna ist einer Art Orgasmus sehr nahe, irgendwie, irgendwo da unten, zwischen Schamlippen und Klitoris. Sie genießt ihn, diesen noch nie erfahrenen Moment, vollkommen überrascht von einer Empfindung, die sie so lustvoll nicht erwartet hatte. Und dann, wenige Momente später, ist es so weit, und auch Anna ist weit, vollkommen weit. Sie lässt ihn raus, den restlichen Körper, und ihr Baby ist geboren.

„Ist ja irre ... das war's jetzt?", bringt sie gerade noch heraus, als das Werk vollbracht ist.

Völlig fertig sinkt sie auf der Badematte zusammen und blickt auf das schleimige, mit etwas Blut und Käseschmiere bedeckte Würmchen vor ihr.

„Du, du ... da bist du ja, du ... du schönes, schönes Baby, du!“ Anna ist überglücklich, und Tränen der Freude rinnen haltlos über ihre Wangen. Sie sieht, wie sich der Brustkorb ihres Kindes hebt und senkt und sich die Augen langsam öffnen. „Hallo, hier bin ich, ich bin deine Mama!“

Vorsichtig versucht sie, die verschlungene Nabelschnur von Schultern und Hals des Kindes abzuwickeln. „So ein langes Ding, da musst du dich ja drin verwuzeln“, beruhigt sie ihr Kleines. Doch das Abwickeln der Lebensader ist nicht einfach. Viel zu glitschig ist das verwundene, grau schillernde Wunderding, und Anna braucht einen zweiten Anlauf. „Das ist doch mal eine prächtige Süßwasserkette!“, stellt sie voller Stolz fest, während sie den Schnurkragen von ihrem Kind abhebt. Rund zwei Armlängen misst die weiche, warme Kordel, die zuverlässiger als das beste Glasfaserkabel der Welt gearbeitet und ihr Baby tagein, tagaus mit lebensnotwendigen Nährstoffen und Sauerstoff versorgt hat. Und nicht nur das, denn auch den Abtransport von verbrauchten Stoffen hat das Teil bewerkstelligt, wie Anna noch aus der Schule weiß. Anna ist beeindruckt von ihrem Körper und davon, dass er anscheinend an schlichtweg alles gedacht hat. Das Baby und sie, das war wirklich die perfekte Kombination!

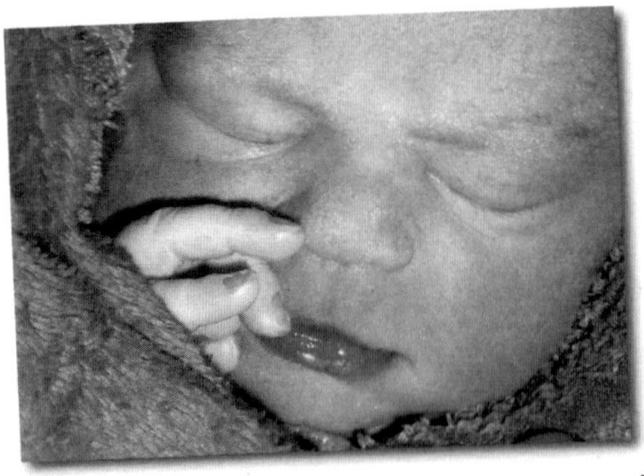

Nach und nach begreift sie ihr kleines, großes Wunder und tastet sich voran. Sie betrachtet das zierliche Kindlein ein erstes Mal intensiv und bettet es vorsichtig in das für die Geburt bereitgelegte, rote Handtuch. Wie perfekt ihr Baby doch ist! Kleine Grabbelhändchen, alles dran, und Füßchen auch, so niedlich. Blaue Augen, wenn Anna sich nicht täuschte, und eine lustige, blonde Tolle, die später unter Garantie einen Frauenschwarm aus ihm machen würde. Aus ihm? Anna hatte doch glatt vergessen, ihrem Neugeborenen etwas genauer zwischen die Beine zu schauen. Einige Schlaumeier wollten ihr „bei dem Spitzbauch“ zwar schon vor Monaten einen Jungen prophezeien, aber da Anna das Babyfernsehen komplett ausgelassen hatte und Trude den Bauch zwar gut abtasten, mit ihren Fingern aber nicht durch ihn hindurch sehen konnte, weiß Anna bis jetzt nicht, woran sie ist. „Ein Mädchen, du bist ja ein Mädchen, wie schön!“, freut sie sich, als sie Gewissheit erlangt hat, „das muss ich nachher dem Papa erzählen, und der Trude, und Oma und Opa und Eva und allen! Ach, ist das schön!“

Doch Nachher kann dauern, denn Anna hat die Zeit längst vergessen. Zu schön ist das, was sie gerade erlebt. Während ihr Baby Nichtschwimmerübungen an Land macht, hockt sie sich irgendwann hin und beobachtet, wie die unversehrte Nabelschnur aus ihrer Scheide heraushängt. „Da fehlt ja wohl noch was“, murmelt sie und schützt ihre Badematte vorsichtshalber mit einer der – eigentlich für die Geburt bereitgelegten – Bettschutzauflagen. Dann wickelt sie sich ein Kordelteil um ihre Hand – das Gefühl habend, den zweiten Teil Kind genau jetzt gut zu sich holen zu können. Während Anna sachte an sich oder, besser gesagt, in sich heraus zieht, spürt sie, wie sich ein großer Wackelpudding aus ihr löst und irgendwie durch sie hindurchschlatzt.

Und dann ist sie ganz einfach da, ihre Plazenta. Vollständig und unversehrt. „Boah, heftig, die ist ja riesig!“ Beeindruckt betrachtet sie das magisch anmutende Raumschiff, das mit der Nabelschnur verwachsen ist.

Feinste Verästelungen ziehen sich über diese intergalaktische Schleimhautkapsel, und als Anna vorsichtig die Fruchthaut lüpft, kann sie den Riss entdecken, durch welchen ihr Baby aus dem feuchten Schwimmbad an die Luft der Welt geschlüpft ist.

Die Unterseite des Mutterkuchens ist dunkelrot voller Blut, das bereits geronnen ist, und die reichlich von der Gebärmutter abgegangene Schleimhaut deutet auf deren nunmehr sehr große Wundfläche hin.

„Das Silbrige hier sieht ja tatsächlich so aus wie eine gebackene Palatschinke, sagenhaft!“

Auf dem Boden unter dem Waschtisch entdeckt Anna ihre verloren geglaubte Digitalkamera, mit der sie neulich den Riss im Waschbecken dokumentieren wollte – und schafft es irgendwie, ein paar Erinnerungsfotos zu machen, die sie Tage später etwas windschief ins Album klebt ...

Seit der Schwangerschaft betrachtete Anna ihre Pfannkuchen aus einem anderen Blickwinkel, weil Trude ihr verraten hatte, dass gebackener Eierkuchen dem Mutterkuchen manchmal ein bisschen ähnlich sehen würde. Und dieser Fall war nun ganz offenbar eingetreten.

„Ob ich später auch ein Stück davon probieren soll, wie ich in dem Buch der Hausgeburtsfrauen gelesen habe?", überlegt Anna, ist jedoch unschlüssig, weil sie gerade keinen Appetit verspürt. „Erstmal aufheben und vielleicht Trude nach einem Rezept fragen."

Anna hat keine Schere zur Hand, und so versucht sie, die Nabelschnur durchzubeißen. Da sie es jedoch nicht auf Anhieb schafft, weil die Kordel zäh wie eine Schwarte ist, beschließt sie, den saftigen Kuchen vorerst am Baby zu lassen.

„Jetzt warst du so lange dran festgemacht, Mäuschen, da wird eine Stunde mehr oder weniger wohl auch nichts schaden."

Die Plazenta schlägt sie in die Bettschutzauflage ein. Dann steht sie langsam auf und schlapft mitsamt dem Kind-Kuchen-Konvolut ins Schlafzimmer. Wie ein Stadtstreicher sieht Anna aus, denn ihre Haare sind zerzaust und ihre Hose fehlt komplett. Irgendwo zwischen brauner Toilette, weißer Badematte und roter Geburt hatte sie es geschafft, sich davon zu befreien, und wen kümmerte es schon in ihren eigenen vier Wänden, ob sie nun nackt, verschmiert oder verschwitzt über den Flur pilgerte. Nicht einmal Peter oder Trude waren da, und ihre Hausstaubmilben hatten wohl keine passenden Augen für das, was sie sahen.

„Mein Bett, ich liebe dich", flüstert Anna und freut sich über ihre eigenen Federn, die sich mit dem Duft des neugeborenen Babys zur zartesten Versuchung der Welt vermischen. Sie kuschelt sich in ihre Sommerdaune und genießt die Wärme des Lebens um sich herum.

Dann hört sie, wie ihr Kleines leise vor sich hin schmatzt. „Bist wohl hungrig, hm?" Anna schiebt ihr verschwitztes T-Shirt hoch und dreht sich auf die linke Seite. Mit der rechten Hand holt sie das Kind etwas näher zu sich heran und stützt es mit Decke und Polster so ab, dass es ebenfalls seitlich zu liegen kommt. „Da, probier mal!", macht sie ihrer Tochter die Brust schmackhaft. „Ich hab schon vor ein paar Wochen was rausgequetscht und dran geschleckt, schmeckt gut! Du einsam geborenes Wölfchen, du."

Spürbar begabt saugt die Kleine Annas Brustwarze in ihren Schmollmund ein – und gibt sie so rasch nicht mehr her. Großer, leerer Bauch und kleiner, sich füllender Bauch. Anna und ihr Kind nähern sich aneinander an. Ja, das tut gut und fühlt sich richtig an, und kein banales Wort könnte jemals beschreiben, wie vollkommen sie ineinander verschmelzen.

Wie schön es ist, auf der äußeren Welt angekommen zu sein! Fürs Erste, denn ...

Wie ging es weiter?

Anna hat, als sie irgendwann wieder aufgewacht ist, Peter angerufen, und Trude, und Oma und Opa, und natürlich Eva. Und alle waren eigentlich überglücklich. Aber jetzt mal langsam, denn ...

Peter war schon ein bisschen traurig, die Geburt verpasst zu haben. Obwohl er zu Anna immer gesagt hatte, „du bringst das Kind zur Welt, und ich das Geld", wusste er, dass man ein Baby nicht mit Geld aufwiegen konnte und Anna außerdem auch sehr gerne ihr eigenes Moos verdiente. Er brach direkt nach der Hausgeburt seine eben erst angetretene Dienstreise ab und konnte nicht glauben, was seine beiden Frauen, wie er sie nannte, in seiner Abwesenheit alles geleistet hatten. „Hier ist es ja gar nicht schmutzig! Wo ist denn das viele Blut, von dem man immer hört? Du bist wirklich Generaldirektor, Vorstandsvorsitzender und Geschäftsführer in einer Person, Schatzi!" Er nahm sich zwei Wochen frei, um Wölfchen rund um die Uhr bestaunen zu können. Nachts fand er den kleinen Schlingel zwar auch recht süß, zog jedoch nach sieben Tagen Meckerei aufs Sofa um, da schließlich nicht er um 23 Uhr, 2 Uhr und 5 Uhr, manchmal jedoch auch um 22 Uhr, 1 Uhr, 3 Uhr und 6 Uhr oder zu anderen nachtschlafenden Zeiten an Annas Brüsten säugen und gekuschelt werden wollte. In seiner Firma klärte Peter in den nächstmonatigen Besprechungspausen euphorisch alle möglichen (Groß-)Väter über die Vorzüge einer Geburt in Eigenregie auf und erntete manch verständnislose Blicke. Wen wundert's, denn Anna war in Peters Betrieb die zweite Hausgeburtsmutter des Jahrzehnts und die erste überhaupt, die ihr Kind ganz alleine zur Welt gebracht hatte. Der eigentliche Vorstandsvorsitzende übrigens wollte auffällig viele Details zu Wölfchens Geburt wissen. Man sprach davon, dass seine Frau schwanger sei ...

Trude, die Hebamme, kannte Anna ja recht gut. Daher hatte sie schon vermutet, dass sie wohl „zu spät" kommen und Anna ihre Gebärprüfung alleine ablegen würde. Sie besuchte die junge Familie also erst mittags nach der Geburt, machte die Erstuntersuchung, und im Beisein von Peter trennte Anna die Nabelschnur dann endlich durch – mit Trudes Schere. Trude riet Anna, für überschüssiges Blut ein ca. 20 cm langes Stück der Nabelschnur am Kind zu lassen, und so ging sich auch ein Knoten in der Nabelschnur noch gut aus. Der war zwar eigentlich unnötig, weil sich die Zellen schon gut verklebt hatten, aber Anna wollte unbedingt einen machen. In den nächsten acht Wochen besuchte Trude die Anna, das Wölfchen und den Peter dann noch einige Male im Wochenbett. Anfangs half sie Anna mit Tricks zur Beruhigung der krampfartigen Nachwehen. Dann gab sie Tipps zum Stillen und versorgte Anna, als diese trotz der guten Saugleistung von Wölfchen einen schmerzhaften Milchstau und hohes Fieber bekam. Der tat vielleicht weh und war komplett unnötig, aber irgendwann war auch der weg- und die erste Badewanne bald vollgestillt. Wie schnell die Zeit doch verging! Zu Trude hat Anna auch heute noch Kontakt – weil Peter und sie schon wieder am „Üben" sind und man eine liebevolle Familienhebamme einfach immer gut brauchen kann ...

Oma und Opa wussten überhaupt nichts von Annas Hausgeburtsplänen, und das war auch gut so. Denn als sie am Telefon danach fragten, in welcher Klinik sie Anna und das Baby besuchen könnten, bekamen sie einen Schock. Auf dem Weg zu Annas Wohnung überfuhr Opa vor lauter Aufregung zwei Mal eine rote Ampel, was zweifelsohne den gefährlichsten Teil der gesamten Geburt darstellte. Bei Anna angekommen mussten sie jedoch neidlos feststellen, wie gut die junge Mutter aussah und wie herrlich wonnig das Wolfsbaby dreinschaute, während es zufrieden am Nippel schmatzte. Als Anna ihrem Vater einen Kaffee anbot, wollte der ihn aus Rücksicht auf Annas Situation zwar dankend ablehnen, benötigte ihn dann aber doch dringend. Es war ja früh am Morgen und Opa hatte immerhin eine anstrengende Anreise hinter sich gebracht. Wölfchens Großeltern berichten seither übrigens nicht ohne Stolz von der heimischen Geburt ihres Enkelkindes – und der Gefahr des Autofahrens für neugeborene Kinder ...

Und Eva? Eva hörte sich nach Peters Urlaub Annas Geburtsbericht an, als sie leckeres Mittagessen für ihre Freundin vorbeibrachte. Sie hörte sich die Sache dann nochmals an, als sie wieder Essen brachte, und nochmals, als sie für Anna einkaufte. Ja, und dann nochmals, als sie Annas Wohnung auf Vorderfrau brachte und ordentlich sauber machte. Bei spätestens dieser Gelegenheit, und, um genau zu sein, als sie Annas inzwischen wieder blütenweiße Badematte saugte, beschloss Eva dann insgeheim, es einmal ganz genau so machen zu wollen wie ihre Schwester des Tages und der Nacht. Wenn sie denn jemals den passenden Vater für ihr Kind finden würde (was schon bald der Fall sein sollte) ...

Anna jedoch, da war sie sich sicher, hatte bei Wölfchens Geburt den Moment ihres Lebens gehabt. „Würde ich morgen sterben, wüsste ich, dass ich gelebt habe", sagte sie Peter ein ums andere Mal. Der bemühte sich zwar, zu verstehen, was in und mit Anna passiert war, aber wie könnte er jemals begreifen, wie es sich anfühlte, Leben zu geben? Kein Fallschirmsprung, kein Tiefseetauchgang, kein Inselurlaub, kein Mondspaziergang, kein gar nichts konnte auch nur annähernd stark das Wunder der Geburt verdeutlichen oder gar erklären. Ganz und gar nicht verwunderlich hingegen war, dass Anna lebenssüchtig geworden war. Nach mehr Geburt, nach mehr Grenzerfahrung. Das wiederum verstand Peter auf Anhieb und arbeitete gemeinsam mit Anna am nächsten Mitglied des gemeinsamen Wolfsrudels ...

Nun kennst du Annas Sicht der Geburt, ihre Gefühle und Gedanken, und du weißt sogar, wie Peter, Hebamme Trude, Oma, Opa und Eva auf die Geburt reagiert haben.

Aber, Moment mal – das Baby, das gab es doch auch noch. Wie Wölfchen seine Zeit im Mutterleib und die Geburt wohl erlebt haben mag?

Vielleicht ungefähr so, wie es auf den nächsten Seiten beschrieben ist ...

Babys Festung und seine erste große Reise

Wohliges Schaukeln bringt dich in Schwingung, und der spürbare Herzschlag deiner Mutter lässt dich sachte und immerwährend wissen, dass deine Lebensader im Einklang mit dem großen Ganzen ist. Du bist in einem Rundherum-Bett, es gibt kein Oben und kein Unten, du hast keinen Hunger, keinen Durst und brauchst dich nicht mit alltäglichem Kram auseinanderzusetzen. Dein Gewicht spürst du nicht, denn das weiche Fruchtwasser umgreift und trägt dich, wie es besser nicht geht, und dein federleichter Denk-Kopf bleibt ausgeschaltet.

Es gibt für dich keinen perfekteren Ort als diesen, und der rosarote Schimmer, der dich manches Mal – zum Beispiel dann, wenn deine Mutter in die Sonne geht – ereilt, wärmt dich nicht nur über die lauschige Farbe. Richtig tuffig ist dein Zuhause, in dem du turnen oder deinen perfekt für dich geformten Daumen lutschen kannst. Besonders gefällt dir auch das Schlafen, denn auch im Erholungsurlaub deiner Zellen wirst du sanft gewogen und von bekannten Geräuschen umrauscht. Der Blutfluss um dich herum begleitet dich wie ein lebhafter Tonvorhang, und alles Leben liegt in dir. So kannst du wachsen und gedeihen, denn nur das Wachsen ist deine Aufgabe. Du wächst, dein Geist wächst, deine Fähigkeiten, zu spüren und zu begreifen. Dein Körper wächst, dein Gewicht steigt. Du sammelst deine Hände, Füße, Arme und Beine um dich herum und füllst dein Nest immer mehr aus. Wenn dich etwas stört, kannst du eine Hand zum Schutz bewegen und dein Gesichtchen damit bedecken.

Keiner wird deine schwerelose, kleine Welt stören, und wann du dein Schwimmbad ablassen und geboren werden willst, sagt dir dein inneres Gefühl. Du spürst, dass es gemütlich eng wird in Mamas Bauch, vielleicht merkst du sogar die Anstrengung, die deine Mutter unternimmt, um dich tagein, tagaus zu tragen. Du sehnst dich nach dem Abenteuer draußen, kannst es nicht mehr erwarten, das Licht der äußeren Welt zu erblicken. Was wohl auf dich zukommen wird? Ein letztes Mal schläfst du ein, bevor dich ein zarter, dann immer stärker werdender Druck erweckt.

Deine Festung bebt und vibriert, du wirst in eine Richtung gedrängt. Was war das, hat jemand dein Schwimmbad ausgelassen? Vielleicht warst du es ja selber, denn mit deinen spitzen Fingernägeln hast du neugierig an den dich umgebenden Eihäuten herumgespielt und sie ein wenig eingedrückt, bis ein kleiner Riss entstand. Deine Fruchthülle schützte dich die gesamte Schwangerschaft vor Eindringlingen von außen, nichts konnte sie brechen, doch du bist dazu in der Lage, deine Festung einzureißen und den Auszug aus deiner ersten Wohnung selbst zu bestimmen.

Bevor du weiterliest, zeichne die Erinnerungen an dein inneres Leben auf!

Wie fühlte es sich für dich
an, ungeboren zu sein?

Noch ein Schub, ein Schwall, ein Drang. Aktiv hilfst du mit, die beste Position einzunehmen, dir bleibt letztlich auch keine andere Wahl. Mama tut das auch, sie bewegt sich, kreist die Hüften, kniet sich hin, legt sich über ein Kissen, lässt sich vielleicht massieren oder nimmt ein Bad. Jetzt isst sie, denn sie hat Hunger – und du auch. Über die Nabelschnur gelangen die Nährstoffe zu dir, und von Mamas Plazenta bekommst du genau die richtige Menge lebenswichtigen Sauerstoff. Atmen kannst du ja noch nicht.

Wie spannend! Eigentlich bist du noch ein kleiner Fisch im Wasser, und der Nabel an deinem Bauch wird dich lebenslang an diese Zeit, an deine Herkunft erinnern.

Ihr tastet euch langsam nach vorne – du stehst dabei auf dem Kopf, manchmal aber sitzt du auch in Mamas Gebärmutter, das kommt ganz auf deine Vorlieben an. Dir ist deine Lage egal, alles ist angenehm, alles ist erlaubt. Deine Mama weiß, dass du so oder so herauskommen wirst.

Freilich spielst du auch mit deiner Nabelschnur, wickelst dich manchmal um sie herum und in sie hinein. Dein Pulsschlauch zur Welt hat dich von Anfang an begleitet, er gehört untrennbar zu deinem Innenleben dazu. Angenehm kitzelt dich deine Nabelschnur an den Zehen, und wie eine Seiltänzerin balancierst du schwerelos auf der Schnur der Schnüre.

Dein ganz persönlicher Geburtszug ist angefahren, manchmal aber hält er auch an. Zum Beispiel dann, wenn du für die Reise zu müde geworden bist oder deiner Mama die Kraft ausgeht. Dann heißt es für euch: Schlafen, schlafen, schlafen. Kraft schöpfen und Pause machen. Und dann, ohne einen Pfiff vom Schaffner, ohne Befehle, sondern ganz automatisch, geht es weiter mit der Wehenmassage und dem Wunder, das Mamas Körper leistet, um deine Geburtswege zu bereiten.

Und nun ist der Tag – oder häufig: die Nacht – gekommen. Seit Stunden schon befindest du dich in einem Zustand des Getriebenwerdens, änderst deine Haltung in feiner Abstimmung mit Mamas Körper. Handschuhgenau passt der Weg, den du dir bahnst – enger dürfte es wirklich nicht sein, aber weiter auch nicht. Es dürfte überhaupt nicht anders sein, denn du bist der Deckel zum Topf, und deine Mama wurde dafür geboren, um zu gebären.

Sehr eng wird es nun, und die Flüssigkeit deiner Lungen wird unweigerlich herausgepresst. Wie eine große Druckmanschette umschließt dich Mamas Scheidengewölbe und massiert dir das Wasser heraus, um dich dem äußeren Lebensraum zuzuführen. Du befindest dich in der Schleuse zum eigenen Sein, und gleich, in wenigen Fühlmomenten, wird dein zweites Leben wahr werden. Da fühlst du auch schon etwas Kühles auf deinem feuchten Köpfchen. Nochmals rutschst du zurück, um mit neuem Anlauf das Tor zur Welt zu durchgleiten.

Blubb! Etwas heller ist es nun als eben noch, und du öffnest vorsichtig ein Äuglein. Dann das zweite. Das Tönen deiner Mama, das dich immer schon begleitet hat, ist nun etwas deutlicher zu hören. Und ein dumpfer Schrei, oder war es die pure Freude, die Erleichterung? Weil noch Flüssigkeit im Gehörgang ist, wirst du vor lauten Geräuschen geschützt und nimmst die Lautgebung um dich wie durch einen Wasserfilter wahr.

Dann endlich fährt dein Geburtszug in den Bahnhof ein. Sichere Hände fangen dich auf und nehmen dich hoch, drücken dich an die Brust. Aug in Aug mit deiner Mama erkundest du den ersten Blick der äußeren Welt. Der Geruch kommt dir bekannt vor, und das Gefühl, gelandet zu sein, lässt dich die vergangenen Strapazen vergessen.

Ein erster Kuss, ein sanftes Streicheln über deinen Kopf, deinen Rücken, deinen Po. Du hast sie mitgebracht, deine Lebensader, und Mama lässt sie dir noch ein paar wichtige Momente, aus denen leicht ein paar Stunden oder Tage werden können.

Geerdet durch Ruhe und Geborgenheit driftest du in den Zustand der Glückseligkeit. Kostest etwas später, als du Appetit bekommst, von Mamas weißem Gold und lässt dich einlullen in den ersten Schlaf deines neugeborenen Lebens. Gelandet bist du, hier und jetzt.

Willkommen auf der Welt, kleiner Mensch!

Mein Geburts-Plakat: So möchte ich gebären

Die freie Geburt: Wie du es rauslassen kannst

Hast auch du Lust, die Geburt deines Kindes nicht nur unverletzt, sondern so beflügelt wie Anna zu meistern und über dich hinauszuwachsen? Willst du deinem Kind und dir die bestmögliche aller Geburtsalternativen bieten und deinen Körper voll ausnützen?

Dann betrachte und befühle zunächst diesen deinen Körper und finde heraus, welche großartigen Werkzeuge er dir zur Vollendung der Geburtsmeisterschaft mit auf den Weg gegeben hat.

Gut verborgen und geschützt in der Körpermitte, von außen weitgehend unsichtbar für dich und nur in Sonderfällen wie z.B. der Schwangerschaft tastbar, liegt deine **Gebärmutter**.

In Kombination mit deinen ebenfalls gut eingegrabenen **Eierstöcken** sorgt sie seit Beginn deiner Frauzeit allmonatlich dafür, dass du bei Hinzugabe einiger Spermien über die **Scheide** – diese Tätigkeit bezeichnen die meisten als „Sex“ – die Chance auf eine erfolgreiche Befruchtung erhältst.

Doch der Reihe nach, denn hier lohnt es sich, mal genauer hinzusehen.

Die Eier-Reise und dein regelmässiger Zyklus

Das mit der Eier-Reise – damit ist gemeint: das Ei reift heran, es kann befruchtet werden, es kann nicht mehr befruchtet werden, es wird unbefruchtet abgestoßen – heißt auch „Zyklus“, und weil die Abstoßungsblutung eine zumeist gewisse Regelmäßigkeit von etwa einem Monat hat, nennt man die Blutung auch „**Regel**“ oder „**Periode**“.

Manchmal ist die Periode auch ganz und gar unregelmäßig – bei jungen Mädchen zum Beispiel, oder wenn du stillst oder sonstige Ereignisse deinen Zyklus aus der Bahn werfen.

Hier kannst du zum Beispiel mit deiner ganz persönlichen Eierstockbeatmung für eine angenehme Eierstock-Massage sorgen: Atme mehrmals am Tag stoßweise aus, tief in den Bauch hinein, wo auch die Eierstöcke liegen. Halte die dadurch entstehende Anspannung für einige Sekunden an und atme dann wieder ein. Wiederhole diese Übung einige Male, vielleicht wirst du nach Wochen oder Monaten bemerken, dass sich dein Zyklus regelmäßiger gestaltet – und deine Bauchdecke zusätzlich strafft.

Es gibt aber vielfältige andere Ursachen für unregelmäßige Zyklen, und wenn du alleine auf keinen grünen Zweig kommst, darunter leidest oder aufgrund deiner Zyklusschwankungen vielleicht sogar nicht schwanger wirst, dann mach dich schlau und lass die empfangenen Ratschläge in Ruhe auf dich wirken. Vielleicht ist der ein oder andere Tipp für dich überlegenswert und du möchtest ihn in die Tat umsetzen. Übrigens: Auch Hebammen können Zyklus-Spezialistinnen sein und haben zumeist viele Tipps parat, wie du deine körpereigenen Botenstoffe ohne synthetische Hormonpräparate aussenden kannst, damit der Zyklus wieder regelmäßig läuft.

Wenn du „Zyklus" hörst, denkst du vielleicht automatisch auch an „Regelschmerzen". Die können richtig gemein sein und einem das Leben für einige Tage im Monat versauern. Befasse dich mit der sogenannten „freien Menstruation" und finde ganz bewusst heraus, was echte Wehen mit den Gebärmutteraktionen einer Ei-Geburt zu tun haben. Du schlägst damit nicht nur zwei Fliegen mit einer Klappe, sondern auch dem Schmerz-Schicksal ein Schnippchen, indem du nämlich als geübte frei Menstruierende deinen Regelschmerzen und sogar den herkömmlichen Menstruationsprodukten (Binden, Tampons, Becher, ...) ade sagst.

Wenn du nach wie vor unerklärlich starke Menstruationsbeschwerden hast, steckt vielleicht „Endometriose" dahinter. Das ist reagierende Gebärmutterschleimhaut an unüblichen Orten, die zyklusabhängige Beschwerden machen kann. Solltest du ärztlichen Beistand suchen, bringe diesen Begriff gezielt ins Spiel und frage, ob du eventuell unter Endometriose leidest (was sich übrigens auch im Darm bemerkbar machen kann).

Annas Tipp: „In meinem Buch ‚Regelschmerz ade!' beschreibe ich ganz genau, wie ich die freie Menstruation entdeckt und für mich selbst perfektioniert habe. Vielleicht möchtest ja auch du diese Methode in Betracht ziehen und deinen Körper auf diese Weise neu erkunden – möglicherweise auch in Vorbereitung auf eine Geburt oder danach."

Wertvolle Lebenshormone aus deinen Eierstöcken

Die Hormone deiner Eierstöcke lassen also ein Ei (manchmal auch zwei) heranreifen, es „springt" und macht sich auf den Weg in Richtung Gebärmutter. Das mittels Spermiengabe befruchtete Ei braucht etwa 4 bis 6 Tage, um sich einzunisten. Wenn das nicht passiert, setzt die Regelblutung ein. Das geschieht wieder, und wieder, und wieder, und immer wieder.

Ist das nicht das perfekte perpetuum mobile? Zumindest so lange, wie dein Hormonhaushalt für die nötigen Startmaßnahmen sorgt und Eier ins Rennen schickt. Das kann gehen, bis du ungefähr 40, 50 oder 60 bist und je nachdem früher aufhören oder noch länger andauern.

Vielleicht denkst du, Eierstöcke sind zwar gut, um Eier loszuschicken, mehr tun sie aber nicht für mich. Pustekuchen!

Denn in Wirklichkeit ist das, was du gerade gelesen hast, ein fein ausgeklügeltes System, das die körpereigenen Botenstoffe für dein gesamtes Frausein bereitstellt.

Die Eierstöcke sind also nicht nur in der Kinderwunschzeit wichtige Partner für dich, sondern lebenslang. Ohne ihre Tätigkeit wärst du nicht das, was du bist, nämlich eine reife Frau, und viele andere Organe, aber zum Beispiel auch deine Knochen, würden ohne den Rund-um-die-Uhr-Dienst der Eierstöcke langfristig gesehen Schaden nehmen.

Hinzu kommt, dass vermutlich auch deine subjektiven Empfindungen und deine „Psyche" negativ beeinflusst würden, was bedeutet, dass du dich schlichtweg nicht mehr „vollständig" fühlen würdest. Du könntest nach einem operativen Eingriff, bei dem deine Eierstöcke aus dir herausgeschnitten werden, gänzlich aus deiner Mitte gerissen werden. Das ist heftig, vor allem für junge, aber auch für ältere Frauen, und kommt einer schweren Körperbehinderung gleich.

Pass daher zeitlebens gut auf deine Eierstöcke und auf ihre Schwester, die Gebärmutter, auf!

ACHTUNG: Leider gibt es auch heute noch Mediziner, die bei harmlosen Befunden wie z.B. gutartigen Eierstock-Zysten oder Myomen zu einer Entfernung der Eierstöcke oder/und Gebärmutter raten, ohne die Ursache des Problems hinterfragen zu wollen. Hole in einem solchen Fall unbedingt eine kompetente Zweitmeinung ein und lass dich nicht ohne Not zu einer solchen Operation überreden!

Deine Eierstöcke und deine Gebärmutter sind durch nichts zu ersetzen, und du wirst nach einer Entfernung beider Eierstöcke bis ins Alter Ersatzhormone zuführen müssen, damit du deine Kraft und die Lebensqualität als Frau aufrecht erhalten kannst. Man spricht in diesem Kontext übrigens auch von „Frauenkastration". Ein heftiges Wort für einen noch viel heftigeren Eingriff – der nach außen hin für Fremde unsichtbar bleibt.

Die Langzeitfolgen der synthetisch hergestellten Ersatz-Hormone sind noch nicht ansatzweise erforscht, und selbst wenn sie es wären, könntest du das Rad der Zeit nicht mehr zurückdrehen.

Über die Vorzüge der Gebärmutter kannst du dich auf den nächsten Seiten informieren.

Anna meint: „Meiner Schwägerin wurden damals nach einem relativ harmlosen Befund beide Eierstöcke entfernt. Sie war 39, hatte bereits zwei Kinder und keinen weiteren Kinderwunsch, und freute sich erst einmal, dass sie sich über die Verhütung keine Gedanken mehr zu machen brauchte. Sie muss täglich Ersatzhormone schlucken und hat dadurch etliche Beschwerden. Inzwischen klärt sie andere Frauen über die Folgen einer solchen Operation auf und hat mir sehr davon abgeraten, das jemals an mir machen zu lassen. Sie würde alles Geld der Welt gegen ihre Eierstöcke tauschen."

Die Mutter aller Mütter: Deine Gebärmutter

Und deine **Gebärmutter**? Die ist und bleibt sowieso unübertroffen! Dein Langzeit-Brutkasten mit direkter Sauerstoff- und Nahrungseinspeisung für das Ungeborene wird dir als Frau automatisch mit auf den Weg gegeben, du übernimmst jedoch die Verantwortung für Pflege und Wartung.

Was das soll, fragst du dich? Deine Gebärmutter lebt in dir in einem perfekt abgeschlossenen System, sie ist gewissermaßen mit den Eierstöcken „verdrahtet" und empfängt deren Botschaften. Darauf reagiert sie, und wenn du immer gut zu ihr bist, wird sie dir wohl lebenslang viel Freude bereiten.

Ja, du hast richtig gehört, bis ins hohe Alter, wenn du schon lange keine Kinder, jedoch noch immer intensive Gebärmutter-Orgasmen bekommen kannst. Deine Gebärmutter hat für unendlich viele Orgasmen eine Art batterielosen Vibrationsmechanismus mit Lebenszeit-Akku eingebaut und kann dich heftig, gut und intensiv durchrütteln. Dein Unterleib wird dabei angenehm warm und ein wohligeres Gefühl gibt es für eine Frau wohl kaum.

Achte darauf, welche Fremdflüssigkeiten (Sperma) du in deine Gebärmutter hineinlässt, denn du kannst dadurch schwanger werden oder schlimmstenfalls sexuell übertragbare Krankheiten bekommen. Entscheide außerdem, wen du (z.B. in der Frauenarztpraxis mit einem sog. „Spekulum") innerlich auf deine Gebärmutter blicken oder mit anderen Werkzeugen darin herumfuhrwerken lässt.

Nach einer Fehlgeburt zum Beispiel raten sehr viele Ärzte routinemäßig zu einer so genannten „Ausschabung". Ob sie wirklich nötig ist, gilt im Vorfeld festzustellen, denn nicht selten wird die Gebärmutter dabei verletzt. Selbst wenn du diese Verletzung nicht bemerkst, kann sie noch Jahre später Probleme verursachen, etwa in Form einer festgewachsenen Plazenta, die sich bei der Geburt nicht vollständig von alleine löst.

Wusstest du, dass viele Hebammen nicht nur Lebendgeburten, sondern auch Fehl- und Totgeburten (zu Hause) begleiten? Hier findest du vertrauensvollen Zuspruch und brauchst, auch im Trauerfall, nicht zwangsläufig zum Frauenarzt zu gehen.

Auch Fremdlinge wie z.B. die Verhütungs-Spirale, die innerhalb der Gebärmutter oft jahrelang herumgeistern, verursachen aus Sicht deines Brutkastens Dauer-Irritationen. Womöglich möchte sich deine Gebärmutter dagegen zur Wehr setzen und du spürst diese wehrhaften Aktionen. Vielleicht aber bildet sich an der Stelle, wo der Fremdkörper aufliegt, sogar eine Schwachstelle? Forschungen dazu sind noch unzureichend, höre also auf deinen Bauch und vertrau deinem Gefühl. Wenn du dich mit etwas unwohl fühlst, solltest du davon Abstand nehmen.

Verhüten z.B. kannst du auch sehr gut durch konsequente Zyklusbeobachtung, die weder Geld kostet, noch in irgendeiner Weise in deinen Körper oder Hormonhaushalt eingreift. Erkundige dich gezielt nach „natürlicher Familienplanung" oder „sympto-thermaler Verhütung", eine Erklärung zu dieser Methode und geeignete Zyklusblätter zum Selber-Eintragen deiner Aufwachtemperatur sowie deiner sonstigen Beobachtungen findest du auch im Buch „Regelschmerz ade!" (edition riedenburg, Salzburg).

Eine sehr angenehme und, besonders im Hinblick auf die Geburt, zweckdienliche Wartung der Gebärmutter kannst du in Form von gebärmutterwirksamen Orgasmen vornehmen. Da du die Gebärmutter selber nicht erreichst, halte dich an ihren zu dir sprechenden Partner: den Muttermund.

Sprichst du schon mit deinem Muttermund?

Am Ende des Gebärmutterhalses kannst du den **Muttermund** ertasten. Er hat Lippen wie ein echter Mund, und er kann tatsächlich mit dir ins Gespräch kommen – wenn du das auch möchtest und die Kommunikation aktiv aufnimmst.

Fühle zum Beispiel mit dem Zeigefinger, wie dein Muttermund gerade gelaunt ist.

- Ist er hart und knollig? Dann befindest du dich vielleicht gerade in einer unfruchtbaren Zeit und alle Schotten sind dicht.
- Oder ist er weich und leicht geöffnet, quillt er dir neugierig entgegen und lässt er reichlich Schleim hindurchlaufen? Dann möchte er vielleicht beim Spermientransport behilflich sein und lädt die Schwimmer dazu ein, ihn zu passieren.
- Auch während deiner Regel ist der Muttermund leicht geöffnet, sodass Blut und Gebärmuttersekret abfließen können.

Anna meint: „Ich war schon als Mädchen neugierig, wie es im Inneren meiner Scheide aussieht. Ziemlich früh habe ich mit dem Finger ein kleines Stückchen hineingefühlt, mich aber noch nicht weiter vorgetraut. Als ich dann meine Periode bekommen habe, bin ich das erste Mal bis zum Muttermund vorgedrungen."

Oh – ein Orgasmus, ganz weit drinnen!

Wenn du deinen Muttermund erkundest, wirst du vielleicht feststellen, dass sich das angenehm anfühlt. Eine pulsierende Nervenreizentladung an dieser Stelle kann toll sein und besser wirken als jede Achterbahn, und wenn du Glück hast, macht deine Gebärmutter bei diesem Spaß fleißig mit. Sie zieht sich dann zusammen und entspannt sich wieder (und das einige Male), und trainiert so ihre unglaublich wandlungsfähigen Muskelpartien.

Und du trainierst das Gefühl für einen starken Orgasmus. Es ist so wunderbar, dass du vielleicht gar nicht genug davon kriegen kannst, und nur du allein bestimmst, wie oft du für dieses Gefühl bereit bist und wie lange du brauchst, um deinen ganz speziellen Höhepunkt zu erreichen.

Lass dir von anderen, genau wie bei der Geburt auch, keine Zeitvorgaben machen! Jede Frau ist unterschiedlich, und für einen wirklich starken Orgasmus wirst du vielleicht einige Zeit brauchen und diesen auch nicht immer erreichen. Das Blut schießt ins Gewebe ein, sammelt sich dort und deine Fühlorgane schwellen an. Das ist die beste Voraussetzung, um in diesem weichen Gewebebett erfüllenden Sex zu haben! Ob allein oder zu zweit, ist ganz egal, denn gut ist, was gefällt. Wenn dein Partner schneller ist als du, dann möchtest du vielleicht einen Single-Morgen, -Nachmittag oder -Abend ganz für dich privat einlegen und dir genau die Zeit nehmen, die du brauchst.

Sprichst du nicht nur mit deinem Muttermund, sondern auch mit deinem Partner? Dann erkläre ihm doch, was du besonders gerne magst und lasse ihn vielleicht auch einmal den Muttermund befingern – ob mit seinem elften Finger oder einem anderen, bleibt euch überlassen. Vielleicht möchtest du auch batteriebetriebene Helfer einen guten Dienst an dir verrichten lassen. Die Zunge deines Partners kann wundervoll sein, aber schafft sie es, einige hundert Mal in der Minute zu vibrieren? Und das 10 oder 15 Minuten lang oder noch länger ...

Anna meint: „Der Orgasmus tief innen drinnen ist noch intensiver als der an der Klitoris. Obwohl es mit der Klitoris schneller mal ‚wumm' macht, nehme ich mir gerne viel Zeit für meine Muttermund-Stimulation. Vielleicht hat mir das Wissen, hier durch perfektes Abschalten gezielt zum Höhepunkt zu kommen, auch bei Wölfchens Geburt geholfen?"

Dein Schatzkästchen: Die Scheide und ihre Pflege

Du bist bereits mitten drin im wahrhaft lustvollsten Teil der Geburtsgeschichte, nämlich deiner **Scheide** (Vagina), von außen auch als Vulva oder Scham bezeichnet.

Wie sagst du zur vorderen Spalte zwischen deinen Beinen? Vielleicht hast du deinen ganz persönlichen Kosenamen. Oder dein Partner hat einen. Und wenn du noch keinen Namen hast, magst du dir vielleicht jetzt einen ausdenken.

Wie sieht deine Scheide aus?

Wie nennst du deine Scheide?

Deine Scheide ist geheimnisvoll, und sicherlich gestattest du nicht jedem Einblick oder gar Einlass.

Du schämst dich, vor Familienangehörigen, Freunden oder Fremden nackt zu erscheinen und möchtest den Teil vom Nabel abwärts lieber bedeckt haben? Das ist normal, und sogar wenn gewisse Personen einen ärztlichen Beruf ausüben, ist Nacktheit noch lange nichts Gewöhnliches. Du brauchst dir also nicht einreden zu lassen, dass z.B. eine vaginale Untersuchung beim Frauenarzt etwas Alltägliches ist und das Beinespreizen auf dem gynäkologischen Stuhl keine Überwindung kosten darf.

Für den Besuch beim Frauenarzt lässt sich sagen, dass innere Untersuchungen der Scheide zumindest bei Schwangeren am besten zu unterlassen sind. Fremden Keimen oder Viren kann durch derartige Manipulationen der Zugang leichtfertig gewährt werden, und das Gemeine daran ist, dass diese Mini-Mistkerle unsichtbar und daher für dich nicht erkennbar sind. Zwar verschließt sich der Muttermund in der Schwangerschaft weitgehend und sondert etwas Schleim ab, damit es aufsteigende Infektionen schwerer haben, bis in die Gebärmutter vorzudringen, aber die Vermeidung von Risiken ist einfach die bessere Vorsorge.

Wenn du also schwanger bist und einen Frauenarzt-Besuch planst, besprich dich vorher über die Möglichkeiten, vaginale Untersuchungen gänzlich wegzulassen. Und wenn du ein junges Mädchen bist, überlege, ob du den Frauenarzt überhaupt brauchst.

Anna meint: „Seit ich meine Hebamme Trude kennengelernt habe, bin ich bei keinem Frauenarzt mehr gewesen. Besonders die Untersuchungen dort waren immer unangenehm und haben mich sehr gestört. Trude hat mich noch nie vaginal untersucht. Sie würde es zwar machen, wenn ich es wollte, aber ich will nicht, und damit ist es für uns beide in Ordnung. Unter uns: Die vaginalen ‚Untersuchungen' von mir selbst und von Peter gefallen mir am besten und alle anderen geht mein Schatzkästchen eigentlich nichts an."

Auch deine Scheide kannst du „warten" und zum Beispiel dafür sorgen, dass ihre Klimaanlage funktioniert. Besonders in der Schwangerschaft kann dieses Wissen Gold wert sein und aktiv dazu beitragen, eine infektionsbedingte Frühgeburt zu vermeiden.

- Wenn du übel riechenden Ausfluss hast, die Scheidenschleimhäute brennen oder jucken, stimmt etwas nicht. Mach es bösen Pilzen nicht zu leicht, sich festzufressen und dir genau dort Ärger zu bereiten, wo du Spaß haben möchtest! Achte daher auf viel Flüssigkeitszufuhr ungesüßter Tees oder ganz einfach glasklaren Wassers und meide Nahrungsmittel, die wahre Pilznährböden erschaffen.

- Weg mit dem Zucker und dem Weißmehl, denn auch Stärke wird in Zucker umgewandelt und Juck-Pilze lieben Zuckerfraß!
- Stattdessen kannst du dich an Naturjoghurt und Sauerkraut erfreuen, denn Saures dieser Form macht nicht nur lustig, sondern deine Scheidenschleimhäute auch schön widerstandsfähig.
- Überprüfe auch deine Kleidung auf Scheidentauglichkeit. Wenn es reibt und zwickt, können die Scheidenschleimhäute beschädigt werden und Angreifer haben ein leichtes Spiel.
- Ebenso sind Binden und Slipeinlagen (noch dazu, wenn sie mit Plastik „auslaufsicher" gemacht wurden und deinen Intimbereich ziemlich frischluftdicht wegpacken) potentielle Kandidaten, um dir Ärger und Probleme mit deiner Scheide zu bereiten. Übe dich in der freien Menstruation und lass die Binden einfach weg! Und wenn du über eine Waschmaschine verfügst und deine Slips nicht eine Woche lang ohne Unterbrechung trägst, dann brauchst du für gewöhnlich auch keine Slipeinlagen. Denn deine Unterhose selbst ist deine waschbare „Einlage" in deiner Überhose oder unter deinem Rock.

Für die weitere Wartung deiner Scheide gilt prinzipiell, was auch schon bei der Gebärmutter zur Sprache kam:

- Überlege gut, wen du darauf blicken und vor allem, wen du eintreten lässt. Du kannst, z.B. nach Spermagabe, schwanger werden oder dir eine sexuell übertragbare Krankheit einhandeln.
- Aber auch gechlorte, öffentliche Schwimmbäder sind mit Vorsicht zu genießen, wohingegen das Meerwasser deine Scheide angenehm salzig umspült und ihr für gewöhnlich gut tut.
- Allgemein zugängliche Toiletten „überhockst" du am besten, damit du nicht den Sitzabdruck der Vorgängerin auf deine Oberschenkel stempelst. Beim Klopapier des öffentlichen Örtchens kannst du, ohne schlechtes Gewissen zu haben, das erste Blatt der Toilette spenden. So vermeidest du, Restschmutz anderer Leute auf deine Scheide aufzubringen.
- Hab keine Angst vor deinem After! Immer wieder hört man die Frauen-Regel „von vorne nach hinten wischen", und es ist ja wohl auch klar, dass du nach dem Stuhlgang erst einmal das Hinterstübchen ausputzt, bis es keine Flecken auf dem Papier mehr verursacht. Aber Panik vor deinen braunen Ausdünstungen brauchst du in der Regel wirklich nicht zu haben. Wie du auch vor dem Analsex keinen Einlauf bzw. keine Spülung brauchst. Der Darm reinigt sich ganz wunderbar selbsttätig, und wenn nicht gerade eine Wurst durchgerutscht ist und die letzten Zentimeter deines Verdauungshelfers verschmutzt sind, würdest du dich wundern, wie sauber er ist! Vielleicht hast du ja Lust, diese Tatsache einmal mit deinem Finger zu überprüfen und anschließend daran zu schnuppern.

Der Spass in der potenten Scheide: Das Scheidengewölbe

Deine Scheide ist multifunktional und äußerst potent. Über die Jahre wirst du ihre vielen Facetten kennenlernen, wenn du dich intensiv mit ihr beschäftigst. Ja, sie ist es wirklich wert, ausgiebigst von dir erkundet zu werden! Ihre Durchgangshöhle, das **Scheidengewölbe**, ist jedenfalls ziemlich genial angelegt, und du brauchst keinerlei amtliche Bestätigung, um es benützen zu dürfen.

Es kann sich riffelig machen und einen Penis (oder etwas anderes) eng umschließen, damit du viel Spaß hast an seinem „Reibeisen“. Und wenn die Lust dann so richtig in dir hochsteigt, folgt der Schleim. Es glitscht und glibbert, dass es eine wahre Freude ist, und kein kaufbares Ersatzmittel kann so gute, geile Gleitfähigkeit erschaffen wie Scheidenschleim (nach Möglichkeit in Kombination mit Original-Penisgleitmittel, das dem eigentlichen Sperma vorausgeht).

Dein Scheidengewölbe kann sich aber auch sehr weit machen, und dann passt sogar ein ganzes Kind durch (oder auch zwei, drei, vier ... hintereinander). Auch während der Geburt wirst du feucht und sorgst so unbewusst dafür, dass dein Kind – möglichst ohne seine Umlaufbahn zu verletzen – aus dir hinausgleitet.

Annas Tipp: „Wo es gut flutscht und nicht zu rasch geht, ist das Risiko einer Verletzung verringert. Ein Neugeborenes bringt praktischerweise eigene Geburtsschmiere, die sogenannte ‚Käseschmiere‘, mit. Diese weiße, ölig-schmierige Substanz hilft dir dabei, dass du verletzungsfrei gebären kannst, solange du dich nicht in eine für dich unbequeme Geburtsposition drängen oder von fremden Leuten irgendwie stressen lässt.“

Schamhaare und Modefrisuren

Altmodischerweise nennt man die Scheide auch „Scham“, und oben drauf, das sind die **Schamhaare**. Ob du deine Schamhaare wachsen lässt oder sie rasierst, sie färbst (Achte auf hautverträgliche Mittel! Ich allerdings würde dir gänzlich davon abraten.) oder sonst was damit anstellst, ist einzig und alleine deine Sache. Du brauchst dich nicht dafür zu rechtfertigen und wirst vielleicht verschiedene Moden „ausprobieren“, bis du feststellst, was für dich angenehm ist, deine tägliche Hygiene (die an dieser Stelle in der Regel gänzlich ohne Seifen und so weiter auskommt) erleichtert und vor allem nicht juckt.

Vor einer Geburt zu Hause brauchst du dir über Schamhaarfrisuren übrigens nicht die Haare zu raufen, denn deinem Kind ist es herzlich egal, wie viel Pelz es beim Austritt in die äußere Welt kitzelt.

Zwar gibt es Krankenhäuser, bei denen Gebärende routinemäßig rasiert werden (vor allem vor geburtshilflichen Operationen wie dem „Kaiserschnitt“ oder auch dem „Dammschnitt“, damit die Sicht für den Operateur bzw. Schneider verbessert und die Desinfektion erleichtert wird), aber zu Hause ist diese Praxis wie gesagt nicht üblich. Warum? Weil zu Hause so gut wie nie in den Damm und de facto nie in den Bauch geschnitten wird. Außerdem kannst du zu Hause in intimer Privatsphäre gebären, wo es keine fremden Betrachter gibt und Haare überhaupt keine Rolle spielen. Besprich dich mit deiner Hebamme, wenn du dieses Thema wichtig findest.

Anna meint: „Ich mag es normalerweise nicht, wenn die Schamhaare rechts und links von der Unterhose hervorgucken, daher rasiere ich sie an diesen Stellen ab. Eva hatte neulich übrigens einen Begriff für unsere Kuschelhaare gehört, ich glaube, es war das Wort ‚Brunzbusch‘, was ich zwar ordinär, aber eigentlich ganz witzig fand.“

Deine extreme Reizsteigleitung: Schamlippen und Klitoris

Der Mini-Penis vorne, meist verdeckt durch die großen und eingebettet in die kleinen **Schamlippen**, welche auch sehr empfindsam sein können, ist die **Klitoris**. Finde selbst heraus, welche Stellen an deiner und welche Stellungen für deine Klitoris und somit für dich angenehm sind und welche Berührungen eventuell überreizen und unangenehm sind. Die Klitoris besitzt eine Art Vorhaut, wenn du diese zurückschiebst, wirst du vermutlich sehr starke Nervenreaktionen (angenehmer Art) spüren, die aber rasch zu stark und damit unangenehm werden können.

Besonders im partnerschaftlichen Bezug ist es in Sachen perfekte Klitoris-Stimulation mitunter schwierig, das richtige Maß an Reizung und Entspannung herbeizuführen. Sei egoistisch und erkläre bei Bedarf mehrfach, was gut und was ungut ist.

Für die Geburt wird die Klitoris übrigens voraussichtlich keine allzu große Rolle spielen, es sei denn, es kommt dazu, dass du dich während der Geburt selbst stimulieren möchtest oder im Zuge der Geburt(svorbereitung) den bewährten klitorislastigen Orgasmus-Sex zu zweit haben magst. Die Schamlippen kannst du während der Geburt eigentlich nur mit einem Spiegel betrachten oder dann, wenn du sehr gelenkig bist. Sie weichen zur Herausgabe des Kindes weit auseinander und können eventuell kleine, eher harmlose Schürf-, Quetsch- oder Risswunden erleiden.

Anna meint: „Ich liebe meine Klitoris! Sie ist mein zuverlässigster Sex-Partner. Wie praktisch, dass sie angewachsen ist und ich sie nicht jedes Mal ausleihen oder kaufen muss.“

Mit deiner Scheide und ihren Reizleitern
kannst du wirklich was erleben ...

Was hast du mit deinem Schatzkästchen schon alles durchgemacht?

Damit dein Damm hält!

Ein Thema, das die meisten Frauen in puncto Geburt interessiert, ist der für gewöhnlich absolut unbeachtete und im Wald hinter der Klitoris lebende Damm. Was und wo ist der Damm eigentlich, magst du dich fragen. Einfach gesagt: Das Zwischenstück zwischen Scheidenausgang und After, also dem Ort, wo dein Stuhl zu Tage tritt.

Vielleicht bist du schon mit Begriffen wie „Dammschutz“, „Dammschnitt“, „Dammverletzung“ oder „Dammmassage“ konfrontiert worden. Daher einige kurze Erklärungen dazu.

Unter dem aktiven „Dammschutz“ versteht man das – wie auch immer geartete – (teilweise) Abstützen des Dammes während der Geburt, und zwar zumeist dann, wenn der Kopf- / Steißaustritt unmittelbar bevorsteht oder Teile des Kindes bereits geboren sind. Das Abstützen des Dammes kann zum Beispiel mittels eines feuchten Tuches erfolgen, das von manchen Hebammen zusätzlich in starken, heißen Kaffee getränkt wird; diesem wird eine dammschützende Wirkung zugeschrieben, eventuell aber kannst du den Geruch von Kaffee während der Geburt oder auch sonst nicht ausstehen, dann vergiss diesen Tipp gleich wieder. Kaffee ist definitiv nicht notwendig, um unverletzt zu gebären, und warmes Wasser ohne Kaffeesud tut es auch.

Du brauchst aber generell nicht in Panik zu verfallen, wenn du weder Kaffeeschutz noch einen sonstigen feuchten oder trockenen Dammschutz einer fremden Person in Anspruch nimmst bzw. bekommst. Im Gegenteil, die Dammschützerei ist nämlich auch eine Art der „Störung“, und wer weiß, wie du auf eine solch intime Handlung reagierst?

Sprich mit deiner Hebamme über ihre angewandten Dammschutz-Techniken, vielleicht wird sie dir erklären, dass sie für gewöhnlich gar nichts macht und dies erfahrungsgemäß der beste Dammschutz ist.

Manche Frauen betreiben unter der Geburt selbst eine Art „Dammschutz“, indem sie – wie Anna in unserer Geschichte – das Kind mit den Händen sanft herausleiten oder bereits vor dem Durchtritt von Kindsteilen am Damm manuell gegendrücken. Vor allem aber schützt du deinen Damm vor zu großen Spannungen und ungewolltem Reißen, wenn du eine für dich optimale Geburtsposition einnimmst. Dies alles geschieht zumeist spontan und automatisch, wenn du den Freiraum hast, dies zu tun. Du brauchst es also nicht zu üben, sondern verlasse dich auf deine Intuition! Wobei Freiraum hier nicht heißt, dass du besonders viel Platz brauchst. Im Gegenteil: Eine verletzungsfreie, dammschonende Geburt auf den Knien etwa kannst du auf ca. 1 m^2, mit Hebammenhilfe auf ca. 2 m^2 durchführen. Und dieses Platzangebot hat wohl jede Wohnung.

Zusammengefasst ist der beste Dammschutz jener, bei dem du das Gefühl hast, den logischen Bewegungen deines Körpers uneingeschränkt folgen zu können. Erkunde deine geplante Geburtsumgebung daher auf mögliche Geburtsorte und führe ungeniert ein „Trockentraining" durch, wenn du das möchtest. Auch wenn das vielleicht doof aussieht – unter Wehen lässt sich so etwas schlecht probieren, und wenn du ein Tuch an der Decke befestigen möchtest, um dich später daran festzuhalten, braucht es handwerklerische und keine geburtshilfliche Vorbereitung.

Hast du beim Trockentraining zur perfekten Dammschutzposition bemerkt, dass du dich genierst und dir das Hochheben des Pos oder des Beines oder auch andere Dinge peinlich sind? Kannst du benennen, warum es dir peinlich ist? Bist du vielleicht fremd, zum Beispiel in einer Klinik oder in einem Geburtshaus, oder schauen dir fremde Leute bei deinen „Übungen" zu? Dann überprüfe, ob du das jetzige Trockentraining auch im späteren Nacktfall erfolgreich durchführen kannst oder ob dich die Situation so sehr einschränkt, dass du hier lieber kein Kind bekommen würdest. Für letzteren Fall wähle einen anderen Geburtsort und verabschiede dich vom bisher ins Auge gefassten.

Anna hat's probiert: „Der Platz vor der Badewanne war ideal für mich, da ich mich hier fest anhalten und ohne Rücksicht auf abfallende Haken oder Ähnliches nach oben ziehen und aufrichten konnte. Ich bin so der Bewegung meines Kindes entgegengekommen und habe mich dann lang gemacht, als das Baby genau diese Bewegung von mir gebraucht hat."

Wünsche an deinen Geburts-Raum:

Was wirklich nicht sein muss: Der gemeine Dammschnitt

Und nun zu einer eigentlich sehr üblen Geschichte, dem sogenannten „Dammschnitt". Es werden sogar speziell geformte Scheren verkauft, um Frauen an einer sehr intimen, von vielen Nerven durchzogenen und auch funktionell wichtigen Stelle zu verletzen. Von manchen – zumeist klinischen – Geburtshelfern wird der Dammschnitt auch heute noch routinemäßig durchgeführt, aus welchen Gründen auch immer, und genau diese Gründe gilt es zu hinterfragen, um unnötige Verletzungen an dir zu vermeiden. Einen wirklichen „Sinn" des Dammschnittes gibt es wohl kaum, wenngleich manche „Studien" behaupten mögen, einen solchen erfasst zu haben. Fakt ist: Der Dammschnitt stellt eine gewollte Körperverletzung dar, und das Gewebe hätte sich im Fall eines spontanen Dammrisses nicht für genau diese Gewebedurchtrennung entschieden.

Besonders „beliebt" ist, Frauen in der sogenannten „Käferhaltung", also auf dem Rücken liegend, zu schneiden, weil der Schneider hier bequem an den gespannten Damm herankommt und ein übersichtliches Blickfeld hat. Es kann schräg oder gerade nach unten geschnitten werden, die Schnitttiefe und Schnittlänge unterscheiden sich von Schneider zu Schneider. Nicht selten berichten betroffene Frauen, sie hätten nach einem Dammschnitt lange Zeit für die Heilung der erlittenen Verletzungen gebraucht. Auch Jahre und Jahrzehnte später kann es, bedingt durch den durchgeführten Dammschnitt, zu Funktionsstörungen kommen, die sich unter anderem in verminderter Nervenreizleitung, Schmerzen beim Geschlechtsverkehr oder Problemen beim Stuhlgang / Halten des Stuhlgangs äußern.

Zu deiner Beruhigung: Bei Hausgeburten hat der Dammschnitt in der Regel absolut gar nichts verloren. Wenn die Hausgeburt nicht ohnehin verletzungsfrei (siehe oben, Thema Dammschutz) abgelaufen ist, so wird ein möglicher Riss oder eine Abschürfung zumeist rasch und folgefrei verheilen und entweder genäht, geklebt oder aber komplett in Ruhe gelassen. Das Gewebe sucht sich die „Soll-Bruchstelle" aus, an der es reißt, ein Schneider hingegen sucht nicht die beste Stelle für das Gewebe, sondern die beste Stelle für sich, um zu schneiden. Das ist ein großer Unterschied! Hinzu kommt, dass dort, wo geschnitten wird, womöglich ein Anschluss-Riss entsteht. Ein Dammschnitt ist also noch lange keine Garantie dafür, dass das Gewebe an einer (denkbar ungünstigen Stelle) nicht noch weiter reißt, was noch größere mütterliche Verletzungen als der Schnitt selbst bedeuten kann.

Anna weiß: „Hebamme Trude hat in 20 Jahren nur drei Dammschnitte durchgeführt, den letzten vor sieben Jahren. Sie hat mir aber berichtet, dass sie, wie die meisten Hausgeburtshebammen, auch dafür ausgebildet wurde, Dammrisse zu nähen und musste in ihrer gesamten Laufbahn erst eine Frau wegen eines höhergradigen Dammrisses in die Klinik verlegen."

Was manchmal sein kann: Dammrisse und deren Heilung

Dammrisse unterscheidet man in verschiedene Kategorien, sogenannte „Grade". Je höher der Grad, desto übler die Verletzung.

Gut zu wissen: Bei Hausgeburten kommt es nur sehr selten zu höhergradigen, versorgungspflichtigen Dammverletzungen. Doch auch kleine Wunden können stören und schmerzen, daher zunächst ein paar Tipps, falls deinem Damm etwas bei der Geburt zustoßen und er etwas (ein)reißen sollte.

- Nach einer Dammverletzung oder auch einer Schürfwunde kann das Wasserlassen brennen, jedoch desinfiziert der Urin die Wundstelle gleichzeitig, was durchaus Sinn macht. Unnötige Irritationen und Befummelungen, egal durch wen oder was, sollte man, so lange die Wunde in Damm- bzw. Scheidennähe offen ist, unterlassen, um Entzündungen vorzubeugen. Auf Sex hast du in dieser Zeit vermutlich auch keine Lust und darfst diese Unlust auch zum Ausdruck bringen.
- Damit der Stuhlgang keine Probleme bereitet, vergiss nicht, aufs Trinken zu achten. So „schmierst" du deine Verdauungsprodukte und sorgst für gutes Durchrutschen im und aus dem Darm. Auch für das Stillen und den Milcheinschuss nach der Geburt ist Flüssigkeit (z.B. Wasser) wichtig, sorge also stets für ausreichende Flüssigkeitszufuhr (keine künstlich gesüßten Säfte oder Tees, Koffein und Teein maßvoll, da beide in die Muttermilch übergeht, Alkohol nur in minimalen Dosen, wenn überhaupt). Überwässern solltest du dich jedoch nicht.
- Du wirst beim Toilettenbesuch selber merken, welche ansonsten vielleicht ungewohnte Stellung (Hocke, nach vorne oder nach hinten geneigt etc.) dir Erleichterung verschafft und möglichst wenig Schmerzen verursacht. Dies gilt auch für harmlose Schürfwunden, die du eventuell davongetragen hast und welche sich in den ersten Tagen nach der Geburt bemerkbar machen.
- Halte Rücksprache mit deiner Hebamme, bevor du Sitzbäder und Ähnliches anwendest. Manche „Hausmittelchen" sind kontraproduktiv und können die Situation verschlimmern, anstatt sie zu verbessern.

Anna rät: „Frag in jedem Fall deine Hebamme oder deine Ärztin, wenn es nach der Geburt Probleme mit einer wunden Stelle oder einer Naht gibt – eine Funktionsstörung kann auch durch die Nahttechnik bedingt sein. Je rascher du die Ursache eines Problems behebst, desto schneller kann der Körper den Heilungsvorgang vorantreiben. Du sollst nicht leiden! Wenn Muskel- und Hautschichten erst einmal falsch oder schlecht verwachsen bzw. verheilt sind, ist es für eine ‚sanfte' Korrektur oft schon zu spät."

Massagen und (partnerschaftliche) Übungen für deinen Damm

Du möchtest deinen Damm massieren und ihn auf die Geburt vorbereiten, damit es erst gar nicht zu irgendwelchen Problemen und speziell Dammverletzungen kommt?

Nur zu! Es ist von Vorteil, wenn du dich mit deinen Ausscheidungsorganen intensiv befasst und da oder dort selbst Hand anlegst. Allein schon, um herauszufinden, was alles möglich ist.

Wenn du den Damm massierst, ...

- kannst du gleich probieren, welche Position zum späteren, entspannten Rauslassen für dich angenehm ist.
- Außerdem kannst du deinen Damm zum Beispiel zwischen Daumen und Zeigefinger nehmen und dann sanft anfangen, das Gewebe zu walken (mit der puren Haut-Hand oder einem Tröpfen Öl drauf, es gibt auch spezielles Dammmassage-Öl).
- Eine weitere Möglichkeit ist, mehrere Finger in deine Scheide einzuführen und dann kreisrund hin- und her zu wischen und die Fingerballen in Richtung Scheidenausgang zu ziehen.
- Einige Firmen bieten (schrittweise aufblasbare) Gegenstände (auf Sauberkeit achten!) an, mit denen du dein Scheidengewölbe und den Scheidenausgang „trainieren" bzw. weiten kannst. Übernimm dich jedoch nicht damit und füge dir keine Verletzungen zu! Ein Gegenstand bleibt ein Gegenstand, er hat keine Ohren und auch kein Fingerspitzengefühl, und geil ist diese Übung auch eher nicht.
- Bitte lieber deinen Partner um wohltuende Handmassage. Wie weit ihr beiden dabei geht, ist eure Sache. Aber eventuell tut es dir richtig gut, herauszufinden, wie viel in dir „Platz" hat, und wie viel auch schadlos wieder aus dir herauskommen kann. Wenn du zum Beispiel – nach einiger Trainingszeit und erst, wenn du wirklich dafür bereit bist, darauf Lust verspürst und dein Partner deine Reaktionen zu deuten weiß! – irgendwann einmal eine ganze Hand in dich aufnimmst, wirst du auch feststellen, dass die Handhaltung entscheidend ist und du deinen Körper automatisch in die „richtige" Position drehst bzw. sich die Hand drehend anpassen muss, damit die Handknolle schmerzfrei ein- und austreten kann.

Auch das Kind wird sich bei der Geburt „eindrehen" und durch dich hindurch nach unten schrauben. Durch eine günstige Geburtsposition kannst du diesen Vorgang aktiv unterstützen.

Festgeschnallt am Rücken liegend wird es dir voraussichtlich jedoch kaum gelingen, deine Potenziale voll auszuschöpfen. Im Gegenteil: Dein Damm liegt so „im Weg" und es besteht die Gefahr, dass er reißt. Vorausgesetzt, die Geburt findet in dieser an und für sich gebärunfreundlichen Lage überhaupt statt und stockt nicht schon viel früher.

Daher: Runter vom Entbindungsbett bzw. Entbindungsstuhl (besser noch: gar nicht erst rauf auf diese Dinge) und rein in eine Aktivität, die dir gut tut! Dies kann auch bedeuten, dass du dich über ein Kissen legst oder anderweitig dehnst, streckst, zusammenrollst, beugst oder machst, was auch immer dir gut tut. Deine Vorlieben werden sich mit dem laufenden Geburtsfortschritt wandeln, sei daher auch du wandlungsfähig und suche dir ein Umfeld, das deine Wandlung unterstützt und dich ganz einfach machen lässt.

Vielleicht möchtest du auch ein Bad nehmen. Im Wasser wird die Haut schön weich, aber nicht jede Frau mag das Ins-Wasser-Gehen bei der Geburt, und dieses ist, wie schon beim Kaffee angesprochen, keine Bedingung für eine verletzungsfreie Geburt.

Du wirst merken, ob du ein „nasser" oder ein „trockener" Typ bist. Eventuell tut es für dich auch die Dusche davor oder danach, und wenn du den Geburtstagsgeruch für Tage behalten magst – was spricht dagegen?

Bedenke stets: Keine Technik zur Vorbereitung auf die Geburt – die übrigens so früh beginnen darf, wie du möchtest, und auch dann stattfinden kann, wenn du noch gar nicht schwanger bist – ist gut, wenn sie dir keinen Spaß macht oder dir weh tut. Während der Geburt nämlich herrscht ein absoluter Ausnahmezustand: Dein Körper produziert Botenstoffe und setzt Vorgänge in Gang, die speziell für die Geburt „gemacht" sind. Dies alles dient dem Ziel, dass du unverletzt gebären kannst, denn dein Körper möchte am liebsten heile bleiben und ganz viele Kinder durch dich zur Welt bringen.

Entscheide also selber, wie weit du in der Vorbereitung gehen willst, und finde heraus, was dir im schwangeren Zustand überhaupt Lust bereitet.

Es gibt genug Frauen, die auf sämtliche „Geburtsvorbereitungen" gepfiffen und wunderbar unverletzt geboren haben. Zumal dann, wenn sie im Kopf aufmachen, gedanklich abschalten und so das ideale Maß an Spannung und Entspannung in sich herbeiführen konnten. Zu Hause lässt sich dieser Zustand für viele Frauen sehr gut erreichen, was unglaublich gute Geburten zur Folge haben kann, die geradezu süchtig nach noch mehr Geburt machen ...

Anna meint: „Meine Dammvorbereitung war guter, ausführlicher Sex in (fast) allen Variationen mit reichlich weich machender Spermagabe am Vortag der Geburt. Von meinen Freundinnen mit Hausgeburten wusste ich außerdem, dass dem Damm fast nie etwas Ernstes passiert ist. So gesehen ging ich entspannt in die Geburt – was gut für mich und für meinen Damm war, denn ich blieb bis auf eine Mini-Schürfwunde an der großen Schamlippe komplett heile. Die habe ich nach 3 Tagen auch beim Wasserlassen nicht mehr gespürt."

Welche Wohltaten zur Geburt stellst du dir für dich vor?

Wie könnte dich dein Partner vor oder bei der Geburt unterstützen?

Das Baby wächst – aber wann will es raus?

Noch immer glauben viele Menschen, darunter auch Mediziner und manche Hebammen, daran, es gäbe einen „Geburtstermin“. Demnach soll nach ziemlich genau 40 Schwangerschaftswochen die Brüterei im Mutterleib vorbei sein und das Kind geboren werden. Aus und vorbei sei dann das Leben im Schlaraffenland, und wann dieser ominöse „Termin“ erreicht sei, könne man angeblich schon zu Beginn der Schwangerschaft mittels Rechnerei oder Ultraschall vorhersagen und für alle Zeit gültig aufschreiben.

So die Vorstellung einiger gebildeter Großhirnrindenbesitzer, die zwar 1 + 1 korrekt zusammengezählt, aber nicht mit der Schläue von Mutter Natur gerechnet haben.

Den Geburtstermin gibt es nicht

Pustekuchen, Mutterkuchen, den „Geburtstermin“ gibt es nämlich nicht! Kleine Kinder können ganz einfach noch nicht rechnen, und diese Tatsache bewahrheitet sich ein ums andere Mal beim Zeitpunkt ihrer selbsterwählten Geburt. (Das war die spaßige Antwort auf die Frage zum genauen „Geburtstermin“.)

Vielmehr ist es so, dass jeder Kinderofen anders „tickt“ und der Kinderkuchen, dessen Rezept und Teig höchst unterschiedlich beschaffen sein kann, daher auch zu unterschiedlichen Zeiten fertig ist. Wann also dein Baby geboren werden möchte, entscheidet es in Absprache mit deinem mütterlichen Körper, nicht abhängig von „Terminberechnungen“ oder „Ultraschalluntersuchungen“ irgendwelcher fremder Personen. Denn diese werden den Garpunkt weder beschleunigen noch verlangsamen – sie können höchstenfalls den vorzeitigen Abbruch der Schwangerschaft herbeiführen.

Ein solcher Abbruch (z.B. durch sog. klinische „Einleitungsversuche“ oder auch gefährliche „Hausmittelchen“ wie den riskanten „Rizinus-Cocktail“) ist, wenn er unnatürlich erfolgt, gefährlich für dich und ein Risiko für das Kind. Dein Körper ist, bevor er selber Wehen macht, noch nicht vorbereitet auf das Ereignis Geburt, und dein Kind ist zu diesem Zeitpunkt ebenfalls unreif.

Ein paar Tage auf oder ab seien egal, denkst du dir? Dies mag in deinem späteren Alltag vielleicht zutreffen, nicht jedoch bei der Geburt. Ein Kind, das zu früh geboren wurde, wird diesen Umstand sein Leben lang merken, auch wenn es noch keine ausreichenden schulmedizinischen Untersuchungen dazu gibt. Es fehlt dem wachsenden, zu früh entrissenen Menschen nicht nur an seelischer Reife, sondern auch an Funktionsreife, denn jeder Tag im Mutterleib ist wertvoll und durch nichts zu ersetzen – schon gar nicht durch starre, künstliche Gebilde wie industriell gefertigte Brutkästen.

Es fehlt dem Heranwachsenden aber vor allem auch am perfekten Übergang von Zustand I zu Zustand II – am sanften Erwecktwerden und am kräftig natürlichen Geborenwerden, auf das du ein Recht hast und dein Kind auch.

Lass deine Schwangerschaft daher keinesfalls bereitwillig und ohne dringende Not vorzeitig abbrechen oder deinen prall-fruchtbringenden Bauchinhalt mittels Panikmache als „Übertragung" kennzeichnen. Du trägst dein Kind, du überträgst es nicht, und zwar trägst du es so lange, wie es sich gehört. Dein Baby kommt raus, wenn es fertig ist, nicht früher, und nicht später.

Den Spruch „es ist noch keines dringeblieben" kennst du wohl. Da ist etwas Wahres dran, doch wie viele Leute haben diesen Spruch auch tatsächlich verstanden? Wie viele Kinder werden tagtäglich zu früh aus ihrer Wolfshöhle gezwungen, weil mit Titeln gekrönte Experten „gerechnet" haben und sie gemeinsam mit ihren Institutionen der Meinung sind: Die Zeit ist um.

Überlege in Ruhe, ob es klug ist, seinem eigenen Kind den eigentlichen Geburtstag vorzuenthalten – in der Meinung, ihm damit etwas Gutes damit zu tun. Falls du bislang nicht aufgeklärt warst, hättest du vielleicht zur Masse jener Frauen gehört, die sich klinischen oder häuslichen Einleitungsritualen unterziehen und anschließend – gemeinsam mit ihren Kindern – leider häufig negative Geburtserlebnisse haben.

Nun aber liest du diesen Text und wirst es besser machen als jene, die sich im Vorfeld der Geburt nicht informiert haben und daher dazu neigten, auf Basis fremder Angst-Prognosen tatsächlich Ängste vor ihrem wachsenden Leib zu entwickeln. Lass dich nicht kirre machen, sondern denk an deine Hauptaufgabe als Schwangere, die da lautet: brüten, brüten, brüten.

Halbfertiger Kuchen und Abrissbagger

Vermutlich möchtest du keinen halbfertigen Kuchen aus dem Rohr holen, um diesen dann, klebrig-flüssig, zu kosten. Doch diesen Kuchen könntest du notfalls sogar wieder zurück in die Form stopfen und einige Zeit nachbacken.

Ein Kind jedoch, das gegen seinen Willen ans Licht gezwungen wurde, kann niemals mehr zurück dorthin, wo es geschützt und umgeben war von perfekter Harmonie. Seine innere Wohnung wurde unwiderruflich abgerissen, und wenn der Abriss nicht vom kindlichen Mutter-Körper-Dialog ausging, könnte das Baby sehr stark irritiert oder sogar schockiert werden.

Oder magst du in einem Haus wohnen, das auf einmal mit dem Abbruchbagger eingedrückt oder gar von einem scharfen Messer aufgeschnitten wird?

Eine riesige Hand würde dich herausheben, dann noch eine, mit unfreundlich riechendem Kunststoff überzogen. Vielleicht würde der Abbruchbagger das Haus auch so sehr eindrücken, dass du große Panik bekommst. Etwas würde dich von außen in den vermeintlich richtigen Weg quetschen, obwohl du den Weg später doch von ganz alleine gemeinsam mit deiner Mama gefunden und ausgetreten hättest.

Womöglich würde dich etwas mit einer Eisenkralle oder einem Saugnapf am Kopf packen und gewaltvoll aus deiner schleimigen Höhle herauszerren. Du würdest unnatürlich gestreckt, deine Wirbel und Gelenke auseinandergezogen. Das schafft Schmerzen, und zwar nicht nur dir. Denn an der Verletzung deiner Mutter könntest du mit dem ersten Blick sehen, dass sich das, was hier abläuft, Gewalt nennt.

Nachdem du gewaltvoll herausgebracht wurdest, würden dich fremde Menschen hochheben, sofort von deiner Lebensader trennen und abreiben, weil sie dich „sauber geputzt“ deiner Mama überreichen oder vielleicht sogar erst noch auf Fehler „untersuchen“ wollen – dich, die du bislang doch nur von unsagbar sanftem Fruchtwasser gebadet und umspült wurdest und herrlich nach eben diesem duftest, von zusätzlicher Käseschmiere geschützt.

Eben noch warst du in Gedanken verloren, und nun hat man dich knallhart in die sogenannte Realität geholt. Willkommen, du wurdest soeben geboren, oder besser gesagt: von deiner Mutter entbunden.

Nein, eine solche Geburt wünschst du dir nicht. Nicht für dich, und nicht für dein Kind. Sei daher nochmals ganz klein und denke an deine eigene vorgeburtliche Phase zurück – es lohnt sich! Denn vielleicht hast du in deinem hiesigen Bewusstsein längst vergessen, wie sich das einst anfühlte im „Hotel Mama“, aus dem du ausgezogen bist, um die Welt zu erkunden ...

Das mangelhafte Ausscheiden und die Geburtsreiseverstopfung

Vielleicht kennst du es von dir selbst: Du musst groß aufs Klo und brauchst dafür deine ganz persönliche Abgeschiedenheit, um Auszuscheidendes rauszulassen. Allein der Gedanken daran, jemand könnte einfach so hereinplatzen oder dich auch nur ansprechen, bringt dich so sehr aus dem Konzept, dass dein fertig geformtes Produkt innehält und sich einen späteren

Zeitpunkt aussucht, um „geboren“ zu werden. Vielleicht findest du auch nur die Toilette unangenehm – zu unhygienisch, zu tief, zu hoch, zu muffelig, zu hellhörig, ...

Drückst du nun dennoch gewaltvoll – kommt zwar nix, aber du könntest mit der Zeit Krampfadern am Anus entwickeln. Verhältst du dir das Ausscheidungsprodukt bewusst, könnten sich ebenfalls negative Symptome einstellen und später ein sehr schmerzhafter Stuhlgang in Form einer Verstopfung folgen. Doch diese Art der Schmerzen brauchst du gar nicht, denn sie sind unnötig und wenig erquickend.

Wie also scheidest du „richtig“ aus? Die oben beschriebenen, verdauungsspezifischen Symptome können dich nämlich auch bei der Geburt „heimsuchen“ und anstatt einer „Reiseverstopfung“ eine „Geburtsreiseverstopfung“ provozieren, im Fachjargon aus Gründen der Fehlinterpretation der Ereignisse übrigens auch „Geburtsstillstand“ genannt.

Lass nicht zu, dass dein Menschling stecken bleibt oder du das schönste aller Ausscheidungsprodukte zwanghaft verhältst, nur weil dich etwas stört und aus dem Ausscheidungsrhythmus bringt! Pflege dein inneres und äußeres Selbstbewusstsein und spüre tief in dir, welche Rahmenbedingungen du zum Abrufen deiner Ausscheidungsfähigkeiten benötigst.

Prüfe zuallererst, wem du gestatten wirst, bei der Geburt deines Kindes dabei zu sein und dich zu begleiten. Vergiss dabei nicht das Kind selbst ...

Du darfst mich bei der Geburt begleiten:

Vertrau deinem Kind und feiere den Abschied

Wisse stets, dass du bei der Geburt nicht allein bist, sondern in guter Begleitung!

Auch wenn eine Geburt ohne Hebammenbegleitung oder Krankenhauspersonal landläufig unter dem Titel „Alleingeburt“ geführt wird, so ist die Geburt deines Kindes alles andere als allein. Du und dein(e) Kind(er), ihr seid nämlich (mindestens) zu zweit, und wer, wenn nicht ihr, kann sich aufeinander verlassen?

Eine engere Bindung gibt es in keiner Ehe oder Partnerschaft dieser Welt, denn ihr klebt nicht nur sprichwörtlich aufeinander, sondern ihr seid sogar innerlich fest miteinander verwachsen.

Das Auflösen dieser komplexen Bindung braucht Zeit, und du wirst es spüren, wenn dein Kind von dir entlassen werden will.

- Du trägst dein Kind lange Monate in deinem Bauchraum, wächst mit ihm, machst diverse „Mätzchen“ mit und wirst so schon einmal auf die Zeit eingestellt, wenn der kleine Säugewohl dann da ist und eine 24-Stunden-Betreuung von dir fordert. Dachtest du, eine solche Beziehung würde ganz einfach so zu Ende gehen? Das wäre ja traurig, und natürlich hat Mutter Natur es genau passend für dich eingerichtet.
- Mit starken Geburtswellen nimmt sie dich mit aufs offene Meer und macht dich „gefügig“. Sie sorgt dafür, dass du dir für die Geburt und sonst für gar nichts Zeit und Energie nimmst.
- Alles andere kann warten, wenn eure Reife gekommen ist und ihr euch voneinander verabschiedet, um anschließend ein neues Willkommensfest zu feiern.
- Dein Kind wird dir helfen, wenn du es lässt. Lass es helfen und lass es raus, wenn ihr beide so weit seit.
- Gebären heißt auch Abschied nehmen, und so ist es verständlich, dass du eventuell darüber traurig bist, dass diese sehr, sehr enge Bindung nun zu Ende geht. Denn wie oft bist du schwanger in deinem Leben? Ein, zwei, vielleicht drei oder vier Mal oder ein bisschen öfter? Das ist nicht wirklich oft.
- Nütze diese Phase deines Lebens für dich und freue dich über die Fruchtbarkeit in dir! Der Übergang von der schwangeren zur säugenden Mutter wird sehr kraftvoll sein, er wird an deinen Kräften zehren und dir gleichzeitig ungeahnte Kräfte verleihen.
- Gebäre dein Kind und erschaffe dich selbst neu durch diese Geburt.

Entspanne dich und scheide aus

Dein Baby hört nicht nur, was du redest, sondern es spürt auch deine Gedanken.

Wie das funktioniert?

Jede deiner Bewegungen ist von deinem Gefühlsleben abhängig, ob du willst oder nicht. Bist du locker oder verspannt? Hast du deine „Mitte“ gefunden oder schwankst du, fühlst dich irgendwie „unrund“?

Den Spruch, dass Aussehen Zufall sei, kennst du vielleicht. Aber wie viel verrät deine Körperhaltung über dich? Duckst du dich unbewusst, die Schulter nach vorne gekrümmt, weil dich der aufrechte Gang zu angreifbar macht?

Auf der Toilette scheidest du dann angenehm aus, wenn du dich gut entspannen kannst. Jede Frau entspannt sich jedoch auf verschiedene Art und Weise – wie also entspannst du dich am besten? Fokussierst du vielleicht eine Fliese im Bad und versinkst du in ihrer Musterung, oder liest du ein Buch, betrachtest ein Bild, um abschalten zu können?

Nur du kannst dir diese Fragen beantworten. Das Gute daran: Wenn du weißt, wodurch du einen guten Stuhlgang herbeiführen oder aktiv menstruieren kannst, kannst du dieses Rezept später auch einmal auf die Geburt eines Kindes anwenden.

Ja, du hast richtig gelesen: Deine Regelblutung kann dich im Vorfeld einer Schwangerschaft an die für dich richtige Geburt heranführen, denn jeden Monat hast du deine kleine Ei-Geburt und übst mit Ei-Geburtswehen den Ausscheidungsprozess.

Verstopfe dich nicht mit Tampons oder Menstruationstassen und lass dich nicht unwillkürlich in die Hose vollbluten, sondern scheide deine Menstruationsflüssigkeit ganz bewusst auf der Toilette aus. Du wirst feststellen, dass sich deine Blutungsdauer mit einiger Übung verkürzt, weil du durch die gezielte Entleerung rascher „fertig“ bist.

Auf unnötige Regelschmerzen kannst du hierdurch ebenfalls verzichten, weil du die Ei-Geburtswehen bewusst erlebst und aktiv mithilfst, deine Menstruationsflüssigkeit „zur Welt zu bringen“. Der Muttermund am Ende deines Scheidengewölbes spielt hierbei eine entscheidende Rolle.

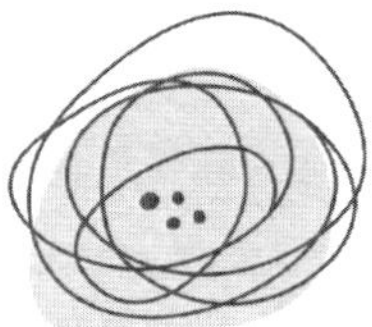

Muttermund, öffne dich!

Weiter oben hast du schon reichlich über den Muttermund gelesen und bist hoffentlich bereits in gutem Dialog mit ihm. Sieh mit deinen Fingern nochmals nach, wenn du dir nicht ganz sicher bist, wie es deinem Muttermund gerade geht. Du findest ihn am Ende deines Scheidengewölbes und er fühlt sich an wie eine knubbelige Nase mit aufmachbarem und schließbarem Einzel-Nasenloch in der Mitte.

Um dein Baby zu gebären, wird sich dein Muttermund sehr weit öffnen. Er öffnet sich sonst nie so weit, denn zum Ablassen der Menstruationsflüssigkeit braucht es seitens des Muttermundes nur etwa Fingerdurchlässigkeit.

Was aber passiert, wenn sich dein Muttermund auf satte 10 cm Durchmesser öffnet?

- In Vorbereitung auf das Herauslassen deines Kindes gerät alles unten in dir in erwartungsfreudige Gebär-Bereitschaft.
- Das Gewebe dehnt sich, dehnt sich, dehnt sich, noch weiter und weiter und weiter – das kann dauern, also sei geduldig! Ein Gummiband, das zum ersten Mal sehr weit gedehnt wird, solltest du sehr langsam auseinanderziehen, sonst wird es reißen, auch wenn es stark ist.
- Daher erwarte keine „rasche“ Geburt beim ersten Kind! Du könntest unnötig starke Schmerzen verspüren und folgenschwere Geweberisse (am Muttermund oder weiter vorne in der Scheide bzw. am Damm) in Kauf nehmen müssen.
- Gönn deinem Körper vielmehr genau die Zeit, die er braucht, um sich perfekt weiten zu können.

Rasch gebären heißt nicht automatisch, gut gebären. Im Gegenteil: Das Abschiednehmen sollte sachte vorbereitet werden, und dein Körper wird dir von sich aus diese Zeit einräumen. Zwinge ihn nicht dazu, verschiedene Eröffnungsschritte zu überspringen, du könntest dabei stolpern.

Dies kann dir dabei helfen, deinen Muttermund zu entspannen und leichter zu eröffnen:

1. Setze dich beim Gebären immer wieder auf die Toilette und entleere Blase und Darm, wenn dir danach ist. Eventuell möchte nach einem Blasensprung auch deine andere Blase, nämlich deine Fruchtblase, entleert werden. Achte auf deine Gefühle und folge deiner Intuition.

2. Entspanne auf der Toilette auch deine Gesichtsmuskulatur. Benütze dazu deinen äußeren Mund und finde heraus, welche Lippenstellung (geöffnet, geschlossen, aufeinander-

gepresst, „Pferdeschnauben“ mit den Lippen als Entspannungsübung), Atemtechnik (tiefes Hinatmen, Hecheln) oder auch Lautgebung (huuuuu, ahhhhh, ohhhhh, ffffff, Brummtöne) dir dabei hilft, den innerlichen Mund zu entspannen. Viele Frauen tönen oder singen unter den Geburtswehen gerne, um sich zu lockern und zu lösen, innerlich zu weiten und vollständig loslassen zu können.

3. Mach dich butterweich und stelle dir ein inneres Bild dazu vor. Welche Gedanken gehen dir durch den Kopf, wenn du an die perfekte, durchlässige Weichheit denkst? Suche dabei keine komplizierten Vergleiche, sondern schließe die Augen und gehe bewusst mit dem sich weitenden Gewebe in dir mit. Vielleicht magst du jetzt ein weiches Tuch fühlen – oder dich an ein festes Seil oder an deinen Partner klammern. Nur du entscheidest, was dir gut tut. Lass die Situation auf dich zukommen.

4. Werde eins mit deinem Fleisch und fühle, wie sich deine Schleimhäute mit Feuchtigkeit benetzen, damit der Geburtszug widerstandslos hindurchgleiten kann. Benetze auch deine äußeren Lippen mit Speichel, wenn dir danach ist, und trinke Wasser, wenn dich dürstet. Wenn du keinen Durst hast, dann verzichte auf zusätzliche Flüssigkeit. Du wirst spüren, was du brauchst.

5. Tauche ab in deinen Körper und versinke geradezu in deinen Organen. Erkläre deinen inneren Helfern, dass du alles dazu tun wirst, das Kind auszuscheiden, und dass du bereit bist, dich auf deinen Körper zu verlassen und auf die Geburtsreise einzulassen.

6. Hab Geduld, denn das Gebären braucht viel Zeit! Dein Kind war monatelang stark und fest in dir verankert, du hast es nicht verloren, sondern dich auf diese Verankerung verlassen. Die Anker zu lichten und den Prozess dieser komplexen Kindes-Ausscheidung zu durchschreiten, wird dir einiges abverlangen und dich an deine Grenzen bringen. Aber es wird dich auch einem neuen Horizont zuführen.

7. Du möchtest wissen, welchen Fortschritt du über die letzten Stunden unternommen hast? Dann spüre dich – in Gedanken oder mit den Fingerspitzen, wenn dir dies gelingt. Du kannst auch deine vertraute Hebamme oder Freundin bitten, dir mitzuteilen, wie weit dein Muttermund bereits ist. Verzichte jedoch auf diese Form der Untersuchung, wenn dich ein „schlechtes“ Ergebnis irritieren könnte. Der Geburtsfortschritt ist nicht vorhersehbar, und es kann sein, dass nach Stunden des Stillstandes, in denen du neue Kraft schöpfen durftest, alles auf einmal sehr rasch geht. Es kann auch sein, dass du dich kontinuierlich eröffnest.

Manche Frauen berichten, dass sie tagelang unter Wehen waren und auf die Geburt hingearbeitet haben. Sei gespannt, was dich erwartet, und suche die Entspannung, wenn es an der Zeit ist, dich bedingungslos zu weiten.

Am Höhepunkt deiner Schwangerschaft machst du dich sehr, sehr weit:

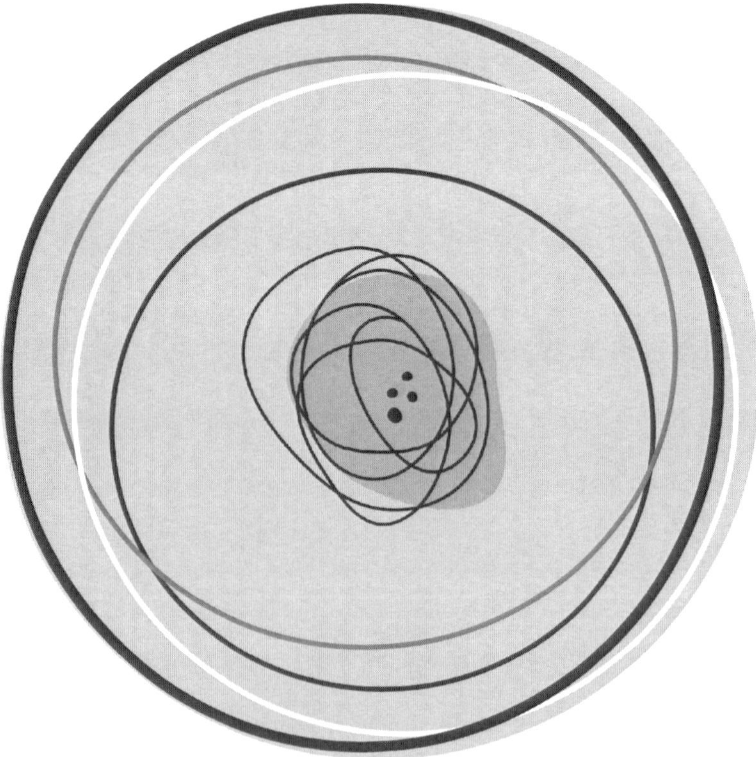

Magst du dir ein weiteres Bild zur Muttermund-Entspannung vorstellen?

Wellen, Wogen, Wehen

Nicht jede Geburt beginnt so, wie es bei Anna der Fall war, mit einem Blasensprung. Doch: Begann Annas Geburt eigentlich erst mit dem Blasensprung oder vielleicht schon viel früher?

Du erinnerst dich: Als Eva zu Besuch war, tönte Anna eigenartig vor sich hin und brachte teils kaum noch ganze Sätze heraus. Sie war abgetaucht in den Wellen ihres Körpers, der sich langsam und stetig auf die Herausgabe des Kindes vorbereitete. Ja, auch das war schon echte, eröffnende Geburtsarbeit, obwohl Anna diese vielleicht nicht als solche wahrnahm, weil sie andere Vorstellungen von den „Wehen" hatte.

Doch wer oder was sind diese Wehen eigentlich, was machen sie mit dir und mit deinem Körper, und wie kannst du mit ihnen umgehen, ohne davor Angst haben zu müssen? Diverse innere, sehr fein aufeinander abgestimmte „Umbauarbeiten" sind erforderlich, um die über viele Monate im Körper der Mutter fest verankerte Leibesfrucht so sicher und schonend wie nur irgend möglich herausgeben zu können. Wellen, Wogen und Wehen werden dir dabei helfen, dieses Großereignis zu „managen", sie sind also dein engster Freund und Begleiter bei der Geburt.

Du weißt bereits, dass ein vorhersehbarer Geburtstermin nicht existiert, und ebenso verhält es sich auch beim Eintreten und beim Verlauf der Wehen: Wie lange du für welchen Schritt gebraucht hast, kannst du erst hinterher beurteilen. Dennoch mögen dir die folgenden Überlegungen hilfreich sein, deine Wehentätigkeit in der Schwangerschaft und während der Geburt selbst einzuschätzen.

Übungswehen

Bereits Wochen vor der eigentlichen Geburt befindet sich dein Baby im Landeanflug auf den Geburtsflughafen und möchte sich wohldosiert senken. Auch deine Gebärmutter, die ja seit Eintritt der Schwangerschaft keine monatliche Ei-Geburt mehr erzeugen musste, hat wieder Lust auf Übung und Training bekommen, und so ergibt es sich, dass sogenannte „Senkwehen" oder „Übungswehen" deinen schwangeren Bauch umformen. In individuell unterschiedlichen Abständen lassen sie deinen Bauch außerdem sehr, sehr hart werden. Taste mit den Fingern deinen Bauch ab, wenn eine Senkwehe kommt! Du wirst über die erfühlte Härte erstaunt sein, selbst wenn du früher mit Bauchmuskeltraining deinen Bauch straff gehalten hast und deine feste Muskulatur spüren konntest. Nun sind es aber nicht mehr die inzwischen auseinandergewichenen Bauchmuskeln, die Härte erzeugen: Es ist deine Gebärmutter, der wohl genialste Großmuskel und Weltmeistersportler, den man sich nur vorstellen kann!

Eröffnungswehen

Stell dir vor, du würdest ein neues Geschäft eröffnen. Es gäbe eine Menge Dinge vorzubereiten, bis alles nach deinem Geschmack ist. Ähnlich verhält es sich mit deinem Geburtsfortschritt: Willkommen, ihr Eröffnungswehen! Lasst euch Zeit und kommt und geht, wie ihr wollt, wenn die echte Eröffnung der Geburt vor der Tür steht. Vielleicht wollen dich deine wiegenden Wogen von Wehen ab und an schlafen lassen, um Kraft schöpfen zu können. Gönn dir diese Ruhepausen, denn nachher bist du umso stärker und kannst neuen Herausforderungen selbstsicher begegnen. Du hast Hunger oder Durst? Folge deinen Bedürfnissen und gib deinem Körper, was er braucht. Das gilt auch für menschliche Zuneigung, die du dir vielleicht von deiner Hebamme oder deinem Partner holen möchtest.

Hast du bereits ein Kind durch die Scheide geboren und war dein Muttermund schon einmal vollständig eröffnet, gestalten sich die Eröffnungswehen beim nächsten Kind vielleicht einfacher als für „Anfängerinnen". Aber keine Sorge: Dein Körper wird dich durch die Geburt lotsen. Enge Vertraute und eigene Abtauch-Mechanismen wie Konzentration, Meditation, Selbst-Hypnose (Hypno-Birthing), Singen, Bewegung oder andersartige Ablenkungen können dir dabei helfen, die Stunden oder Tage der Geburtseröffnung zu gestalten. Wärme, Wasser, sanfter Gegendruck und deine frei gewählten Gebärpositionen, die sich im Verlauf des Geburtsfortschrittes zigfach ändern, können dich zudem darin unterstützen, die inneren Zug- und Dehnungsgefühle positiv wahrzunehmen. Gib dir ein „jaaaaa!" und ein „aaaauuuf!", anstatt empfundene Schmerzen krampfhaft zu verdrängen. Alle deine Gebärgefühle bringen dich deinem Kind näher und öffnen das Tor zur Welt. Die Geburt steht bevor, und du verrichtest gerade die wichtigste Arbeit, die es auf der Welt zu verrichten gibt! Töne und lebe, wie es dir genehm ist, und lass dich von anderen Personen nicht bei der Arbeit stören. Du bist die Chefin und darfst bestimmen, wer bei deiner Geburt zugegen ist.

Presswehen

Der Begriff „Presswehen" hat sich eingebürgert, obwohl es sich beim Geburtsfinale vielmehr um einen höchst effizienten Körperaufzug handelt. Geleite dein Kind, kurz vor dem ersten Kontakt zur Luft, kraftvoll und eigensinnig nach außen – dein Körper wird dir sagen, wie das geht, wohingegen fremde Zurufe, Zuschauer oder Zutaten auch jetzt irritieren und zu einem Geburtsstillstand führen können.

Die letzte Gebärphase quetscht Fruchtwasser aus der Lunge des Babys und wird dir als extrem eindringliches Ereignis in Erinnerung bleiben. Vielleicht bist du aber gerade in dieser Phase an einem Punkt, wo du denkst: Ich schaffe es nicht, denn diese Kraft bringt mich um den Verstand. Dann sei gewiss, dass du kurz davor stehst, Leben zu schenken. Der weiche Kopf und Körper deines Kindes und dein restlicher Körper werden sich aneinander anpassen, und verschmolzen zur perfekten Einheit wird dein Baby wirkungsvoll aus dir herausgewalkt.

Geburts-Gedanken von Abnabeln bis Zufüttern

Abnabeln: Wenn du schon einmal Geburts-Dokumentationen im TV gesehen hast, weißt du bereits, dass im Krankenhaus meist unmittelbar nach der Geburt die Nabelschnur durchtrennt wird. Doch was bedeutet dieser abrupte, erzwungene Übergang für das Kind? Wenn die Nabelschnur bereits „auspulsiert", also weitgehend blutleer war, dann hat sich das Kind bereits selber abgenabelt und der Akt des Durchschneidens ist von minderer Bedeutung. Wenn die Nabelschnur aber noch pulsiert, voller Leben und Beziehung zwischen mütterlicher Plazenta und Kind ist, dann nimmt man dem Kind schlagartig seine über Monate gewohnte Lebensader und beendet seinen Übergang in die äußere Welt gewaltvoll, auch wenn die Geburt vielleicht sehr glücklich verlaufen ist. Warte mit dem Abnabeln am besten so lange, bis deine Plazenta auch geboren ist, denn das ist das beste Zeichen, dass sie vom Kind nicht mehr gebraucht wird.

Baby: In großen und auch kleinen Liebesfilmen kommt es nicht selten an den Punkt, wo er ihr ein zartes „Baby" entgegenhaucht und tief in ihren Augen versinkt. Ist dies der für die Ewigkeit konservierte (erste) Baby-Blick? Du wirst verzaubert sein, wenn du dein Kleines das erste Mal erblickst. Bislang kanntest du es ja nur von deinem inneren Gefühl und warst in stillem Dialog mit dem Kind. Doch nun hat sich die Beziehung geradezu dramatisch geändert. Dein Lebenspartner wurde geboren, und ihr werdet euch unweigerlich ineinander verlieben. Lass die überschwänglichen Hormone bei deiner Hausgeburt dafür sorgen, dass die Bindung unnachgiebig stark wird! Die Natur hat es perfekt für dich eingerichtet und du bekommst die reinste Dosis Glück frei Haus. Erlaube anderen nicht, dir dieses Glück zu stehlen, indem sie deine Schwangerschaft medikamentös abbrechen (sog. Einleitungsversuche) oder dich und dein Kind bei der Geburt manipulieren und somit voneinander entfernen. Ihr beide braucht die Nähe unbedingt, jeder Störenfried gehört bedingungslos ausgeschlossen, und wenn es sich dabei um den eigenen Partner, die eigene Mutter oder das Geschwisterkind handelt, dann zählen auch diese Personen dazu. Nimm keine Rücksicht auf andere, wenn es darum geht, deinem Neugeborenen die ungeteilte Aufmerksamkeit zu schenken. Diese Augenblicke des Kennenlernens werden sich in dein Hirn eingravieren für die Ewigkeit.

Beckenendlage: Eine dammschonende Position für die Geburt aus Beckenendlage (Steißlage) ist der Vierfüßlerstand. Dabei siehst du etwa so aus wie ein Hund, wobei du dich im Verlauf der Geburt vielleicht auch aufrichten magst. Nütze die Schwerkraft in deinem Sinne! Auch für Geburten, bei denen das Kind mit dem Kopf voran kommt, ist der Vierfüßlerstand in der Regel eine sehr gute Sache. Probiere aus, was dir gefällt, und in welcher Position sich dein Baby am besten ansprechen lässt. Zum Thema „Lage" lässt sich noch sagen, dass die Steißlage keine „falsche" oder „geburtsunmögliche" Lage ist. Im Gegenteil: Dein Kind hat immer Recht, und es hat vor allem das Recht, aus einer unverletzten, starken Mutter heraus geboren zu werden.

Wenn dir aufgrund der während der Schwangerschaft festgestellten „Kindslage" von ärztlichen Geburtshelfern oder deiner Hebamme Stress gemacht wird, suche dir für die Geburt neue Partner, die dich in deinem Wunsch bestärken, verletzungsfrei zu gebären.

Brüste und Stillen: Deine Brüste sind dir angewachsen, du brauchst sie nicht aus dem Schrank zu holen und noch nicht einmal für ihre Dauerleistung zu bezahlen. Welch perfekte Nahrungsquelle für einen Säugling deine beiden Durchlauferhitzer doch sind!

Damm: Du möchtest, dass dein Damm bei der Geburt hält und nicht reißt oder zerschnitten wird? Sprich mit deiner Hebamme darüber, dass du keinen Dammschnitt wünschst, und suche dir eine für dich angenehme Gebärposition. Diese ist die beste Vorbereitung, um unverletzt zu gebären – und ganz unabhängig von vorhergehenden Damm-Massagen, Damm-Tees oder sonstigen Mittelchen. Die von vielen klinischen Geburtshelfern aus Gründen der eigenen Bequemlichkeit und besseren „Übersichtlichkeit" herbeigeführte Käferhaltung der Mutter (Rückenlage) löst in Gebärenden nicht selten ein Gefühl der Hilflosigkeit aus. Hinzu kommt, dass auf dem Rücken liegend der Damm ungünstig gedehnt wird, was zu höhergradigen Dammverletzungen führen kann. Bei Hausgeburten gebären Frauen nur selten in Rückenlage, viele wählen jedoch den „Vierfüßlerstand": Hierbei wird der Damm vom Kind selber massiert, weil es in den Pausen zurückrutscht und in der Wehe vorangetrieben wird. Dadurch entfaltet sich der Damm optimal und wird in den Pausen immer wieder gut durchblutet – auch bei einer Wassergeburt.

Einleitungsversuche / Geburtsstillstand: Experimente zum vorzeitigen Abbruch der Schwangerschaft sind gefährlich und daher absolut nicht zu empfehlen. Hierzu gehören die Gabe von Wehenmitteln (Wehentropf, Prostaglandin-Zäpfchen) in der Klinik, aber auch der unter Schwangeren bekannte „Rizinus-Cocktail", der sogar von manchen Hausgeburtshebammen „verordnet" wird. Finger weg davon! Als Folge solcher Experimente kann sich z.B. die Plazenta vorzeitig lösen und damit das Kind in akute Lebensgefahr bringen. Auch für die Mutter ist ein solcher Eingriff bzw. ein Einleitungsexperiment gefährlich, da hierbei nicht der Körper das Signal zum Geburtsstart gegeben und seine Ressourcen aktiviert hat, sondern eine extern zugeführte Substanz die Geburt auslösen soll und das mütterliche Gewebe etwa noch nicht auf die maximale Dehnungskraft eingestellt ist. Schwere Geburtsverletzungen können die Folge sein, bis hin zum „notwendigen" Kaiserschnitt, weil die Geburt „stillsteht" (da sie ja auf natürlichem Wege noch gar nicht begonnen hätte!).

Freie Menstruation: Der (fast) vollständige Verzicht auf diverse kommerzielle Produkte wie Binden, Tampons oder Menstruationsbecher erfordert zwar etwas Übung, sorgt gleichzeitig aber auch für einen guten Bezug zum eigenen Körper und bringt viele weitere Vorteile. Wie genau die freie Menstruation funktionieren kann, liest du im Buch „Regelschmerz ade! Die freie Menstruation: Methode ohne Binden, Tampons und Co" (edition riedenburg, Salzburg).

Geburtsbeginn: Die Geburt deines Kindes kann mit einem Blasensprung beginnen, sie muss aber nicht. Oftmals wehen Frauen, mal schwächer, mal stärker, über Tage vor sich hin und arbeiten so stetig an der Geburt, ohne es recht wahrzunehmen. Der genaue Geburtsbeginn lässt sich also häufig gar nicht richtig festlegen, und es ist letztlich auch unerheblich, wie lange du vom Start ins Ziel brauchst, denn du hast alle Zeit der Welt. Es gibt keine Vorgaben, keine Regeln, und Vergleiche mit anderen Geburten, die dich unnötig stressen, kannst du getrost beiseite lassen. Du bist einzigartig, und genau so einzigartig wird der Verlauf deiner Geburt sein.

Geburtstermin: Es gibt keinen Geburtstermin, denn jedes Kind, jede Frau ist unterschiedlich. So wie Kinder später auch unterschiedlich rasch essen werden, wollen sie nach unterschiedlich langen Tragezeiten im Körper der Mutter geboren werden. Manche haben es dabei etwas eiliger, andere wiederum lassen sich viel, viel Zeit und genießen das volle Programm bis zur letzten Minute. Wodurch genau eure Körper – deiner und der deines Kindes – beschließen, dass die Schwangerschaft voll ausgetragen ist und das Baby geboren werden kann, entzieht sich noch immer unserer Kenntnis. Das Mysterium Geburt bleibt zu weiten Teilen unerforscht, und viele jener Versuche, Geburten künstlich zu beschleunigen oder Mütter termingerecht zu entbinden, sind mit teils unabsehbaren Folgen verbunden. Spar dir diese Folgen, denn sie könnten dich lebenslang schwächen.

Geburtsvorbereitung: Du brauchst nicht zwingend einen „Geburtsvorbereitungskurs“ zu belegen, um dich auf die Geburt deines Kindes vorzubereiten. Das Gebären ist dir angeboren, und die wirkungsvollste Vorbereitung ist, dir selbst zu vertrauen. Sprich mit anderen Müttern, die unverletzt geboren haben und glücklich darüber sind, und nimm dir nicht jene als Beispiel, die traumatisiert und verunsichert aus der Geburt hervorgegangen sind. Manche Kliniken ködern werdende Mütter mit propagierter „Schmerzfreiheit“ (womit z.B. Opiate zur Schmerzunterdrückung gemeint sind, die auch aufs Kind übergehen können) oder sonderlich eingerichteten „Gebärzimmern“. Bedenke, dass eine Geburt über viele Stunden, ja sogar Tage andauern kann. Du solltest dich in dieser Zeit in dem von dir gewünschten Ausmaß bewegen und unterhalten, essen oder ausruhen können, ohne gestört zu werden oder dich vor anderen für deine Verhaltensweise rechtfertigen zu müssen. Vor allem aber solltest du dich wohlfühlen und fallen lassen können, denn wenn du optimal entspannst, überträgt sich dies auch auf deinen Muttermund und die anstrengende Eröffnungsphase.

Geschwisterkinder: Es kann sein, dass du bei folgenden Kindern schon mehr Übung hast und daher speziell die Eröffnungsphase mit noch mehr Ruhe, Entspanntheit und weniger Schmerzen erlebst. Es kann jedoch auch ganz anders sein, daher schaffe dir keine dich unnötig unter Druck setzende Erwartungshaltung von der „perfekten“ Geburt, sondern lass einfach zu, was passieren wird und begib dich auf eine sagenhafte Abenteuerreise in den Mittelpunkt deines Unterleibs.

Hausgeburt: In manchen Hausgeburtswohnungen sieht es aus, als käme der Maler gleich zu Besuch: Meterlange Plastikfolie hängt über Teppich, Sofa und sogar bis hinauf zur Wand. Kleide deine Wohnung mit Folie aus, wenn es dir Spaß macht. Für gewöhnlich sollten jedoch auch einige wasserfeste Bettschutzunterlagen ausreichen, wenn du nichts beschmutzt haben willst. Was du sonst noch brauchst? Zeit und Ruhe, Essen, wenn dir danach ist, Begleitung, wenn du dies wünschst – und das Wissen, alles richtig zu machen, weil nicht nur deine Wohnung, sondern vor allem auch dein Körper für Geburten ausgelegt wurden. Ein Plastiksack oder eine Schüssel für die Plazenta können nicht schaden, du kannst den Mutterkuchen nach der Geburt aber auch in ein Handtuch einwickeln. Sobald die Plazenta geboren ist, kannst du zum Abnabeln eine Schere, ein Küchenmesser oder Ähnliches benützen. Du hast keine Eile!

Hebamme: Deine Hebamme kann eine so gute Freundin werden, dass du dich schwer in sie verliebst. Dies hängt auch damit zusammen, dass du – wenn sie dich bei der Geburt deines Kindes begleitest – einen unvergesslichen Moment mit ihr teilst. Du brauchst dich für deine Gefühle der Hebamme gegenüber nicht zu genieren. Hebammen sind gewohnt, dass ihre Klientinnen eine sehr enge Bindung zu ihnen aufbauen, denn diese ist für das Vertrauensverhältnis unter der Geburt auch wünschenswert. Vielleicht bietet deine Geburtshebamme auch Nachsorge im Wochenbett und Stillberatung an. So kannst du die Zeit mit ihr verlängern, und wer weiß, vielleicht wird sie sogar zur „Familienhebamme" rund um die Themen Weiblichkeit, Fruchtbarkeit, Verhütung und Wechseljahre. Freiberufliche Hebammen sind heutzutage in der oft misslichen Lage, dass ihr Verdienst nicht ausreichend ist, weil ihre Leistung von der Gesellschaft und damit den Sozialversicherungsträgern nicht ausreichend honoriert wird. Es ist an dir, für deine Hebamme zu werben und zu zeigen, welche wichtigen Dienste sie (rund um die Uhr!) bereitstellt. Nur so kann sich der Hebammenberuf langfristig behaupten. Die Hebammerei ist auch Berufung und Leidenschaft, aber sie darf nicht zu einem Beruf werden, der Leiden schafft, weil Frauen, die ihn ergreifen, aufgrund von Mangelbezahlung schlichtweg nicht überleben können.

Internet: Das Internet ist wie ein großer Jahrmarkt, und wenn du es nach Geburtsberichten durchstöberst, wirst du sehr viele Krankenhaus-Geburtsberichte finden. Klicke direkt auf ***www.privatgeburt.de*** und lies im dortigen Forum die Mut machenden Erfahrungsberichte von Hausgeburtsmüttern, damit du dir eine womöglich unbefriedigende außerhäusliche Entbindung schon beim ersten Kind sparen kannst.

Kaiserschnitt: Auch wenn es über die Massenmedien vielleicht verzerrt dargestellt wird, ist der im Volksmund als „Kaiserschnitt" bezeichnete operative Eingriff eine schwere Operation mit allen zugehörigen Folgen für die Patientin und sollte nur im äußersten Notfall angewandt werden. Anders als bei „normalen" Operationen geht es hier nämlich nicht nur um den Eingriff am Patientinnen-Körper, sondern auch um die Tatsache, dass das ungeborene Kind auf unnatürliche Weise seiner inneren Welt entzogen wird. Wie viele Kaiserschnitt-Operationen heutzutage tatsächlich „notwendig" sind, weiß wohl niemand. Denn zumeist werden die Indikationen für die Bauch- und Gebärmutteroperation nach klinischen Geburtsversuchen gestellt, welche nicht als natürliche Geburtsvarianten gelten können und daher z.B. die sehr kaiserschnittarme Statistik der Hausgeburten gewaltig verfälschen. Erfahrene Hebammen raten werdenden Müttern, beim Wunsch nach einer natürlichen Geburt nicht an einen Ort zu gehen, wo innerhalb kürzester Zeit eine Sectio (so wird der „Kaiserschnitt" von Medizinern genannt) stattfinden kann. Der Verdacht liegt nahe, dass manche Kliniken aus verrechnungstechnischen Gründen eine gewisse Sectio-Quote erfüllen müssen. Vereinfacht gesagt: Zu Hause gibt es keinen Kaiserschnitt, und solange die Mutter dort bleibt, wird sie auch keinen bekommen.

Kaiserschnittnarbe: Sie ist an der Haut-Oberfläche etwa 10 bis 15 cm lang und verursacht häufig verschiedenartige Probleme. Diese können von innerlichen Verwachsungen bis zu Kreuzbeschwerden durch ungünstigen Narbenzug reichen, auch Sehschwierigkeiten können mit einer Narbe zusammenhängen. Einige Therapeuten haben sich auf die „Entstörung" von Kaiserschnittnarben spezialisiert. Eine Kaiserschnittmutter kann aber auch selber wirkungsvoll dazu beitragen, dass die Kaiserschnittnarbe in das tägliche Leben integriert wird und keine Schwachstelle mehr darstellt. Narbenmassage, sobald die Narbe verheilt ist, fördert nicht nur die Durchblutung des Gewebes, sondern auch die Auseinandersetzung mit dem Schnitt und kann helfen, das erfahrene Geschehen zu verarbeiten. Möglich ist zum Beispiel, mit einem guten Öl eine Art „Reißverschlussmassage" durchzuführen. Man geht dabei mit beiden Zeigefingern von links nach rechts und wieder retour auf der Narbe entlang, hoch und runter und hoch und runter. Nach einigen Wiederholungen erfolgt am Schluss ein über die Narbe Streichen mit einer „liegenden 8". Diese Massage morgens und abends über einige Monate bzw. Jahre angewandt kann eine spürbare Verbesserung auch in der Nervenreizleitung herbeiführen, weil sich die Nerven wieder „finden" und der abgetrennte Unterleibsbereich zum Oberleib zurückgeführt wird. Somit kann sich auch das von vielen Kaiserschnitt-Müttern als unangenehm empfundene Kälte- bzw. Taubheitsgefühl unterhalb des Bauchnabels lösen und das Geflecht an Nerven, Fasern und Muskeln zu neuem Leben erweckt werden. Auch Jahre nach einer Kaiserschnitt-Entbindung macht die Narbenmassage Sinn, es ist dafür nie zu spät.

Krankenhauskeime: Der gefährliche MRSA-Keim oder auch andere Krankenhauskeime können dich und dein Kind ernsthaft krank machen. Der Ausdruck „klinisch rein" täuscht werbewirksam darüber hinweg, dass ein Krankenhaus kein geeigneter Ort für Schwangere, Neugeborene und junge Mütter ist. Lass dein Baby daher besser zu Hause, wenn du die kranke Oma im Krankenhaus besuchst, und überlege dir frühzeitig persönliche Alternativen zur außerhäuslichen Entbindung. Die naheliegendste dieser Alternativen ist die Hausgeburt.

Medikamente in der Schwangerschaft / PDA: Du kennst vermutlich die fatale Wirkung, die einst ein gewisses Schlafmittel auf Ungeborene ausübte. Nahmen die Schwangeren dieses Medikament – und davon womöglich nur eine einzige Tablette! – während einer gewissen Entwicklungsphase ihres ungeborenen Kindes ein, so kamen die Kinder unter Umständen mit stark verkürzten Gliedmaßen zur Welt. Lange Zeit erkannte man nicht den Zusammenhang zwischen dem Mittel und den Folgen und riet Schwangeren daher nach wie vor bei Schlaflosigkeit zur Einnahme dieser Pille. Du weißt nicht, welche Fallen in Zukunft auf dich als Schwangere warten können, denn die pharmakologische Industrie ist erfinderisch, und die Zielgruppe der Schwangeren ist groß. Verzichte daher generell auf alle Medikamente, die keine unbedingte Notwendigkeit für dich darstellen und von deren Unschädlichkeit auf dein ungeborenes Baby man nicht absolut sicher überzeugt ist! Denke daran, dass Medikamente dem Körper nicht nur in Pillenform zugeführt werden können, sondern zum Beispiel auch über Infusionen oder über Gas, das du einatmest. Daher sind auch Medikamente, die der Betäubung der Mutter dienen, unter der Geburt zu hinterfragen, denn sie gehen vermutlich auf das Kind über und können euer beider Dialog ins Stocken bringen: Wenn du betäubt, wenn du taub bist, kannst du nicht hören und verstehen! Die PDA (Periduralanästhesie) zum Beispiel entkoppelt deinen Unterleib von dir und macht dich weitgehend gefühllos. So kannst du keine Richtung mehr bestimmen und verstehst auch nicht, welche Signale dein Kind an dich aussendet. Manche Frauen sind übrigens der Meinung, vor einem Kaiserschnitt hätten sie keine Medikamente verabreicht bekommen – was natürlich nicht stimmt, denn alle sind vor der Operation anästhesiert worden.

Mehrlinge: Früher gab es noch Geburten, die unbehelligt abliefen. Da kam ein Kind, dann kam noch eines, und vielleicht noch eines. Als Mutter wirst du, sobald du das Gespür hast, Zwillinge in dir zu tragen, zuerst vielleicht erleichtert sein, weil die Kinder ja voraussichtlich etwas kleiner und damit leichter zu gebären sein werden als Einlinge. Und genau dieses Gefühl solltest auch du dir bewahren, wenn du Mutter von Mehrlingen wirst. Diese können übrigens auch wundervoll zu Hause zur Welt kommen, und das sogar dann, wenn Kaiserschnitt(e) vorausgegangen sind. Es ist eine Frage des Wollens und der für dich richtigen Unterstützung.

Mutterkuchen (Plazenta): Vom Mutterkuchen nährt sich nicht nur dein Ungeborenes in der Schwangerschaft, sondern auch du kannst später davon kosten. Viele Tiere fressen die Plazenta nach der Geburt auf (wenn man sie lässt), denn sie holen sich so ihre „investierten“ Nährstoffe zurück und einige Hormondosen gleich mit dazu. Einige Mütter schneiden sich kleine Stücke aus der Plazenta und essen diese roh, es gibt auch die Möglichkeit, einen Plazenta-Shake herzustellen. Sei erfinderisch und finde heraus, ob dich dein Mutterkuchen „anlacht“ und ob er (teilweise) von dir verzehrt werden möchte. Eine Plazenta ist alles andere als eklig, sie ist vielmehr ein langzeiterprobtes Dauerversorgungssystem ungeborener Lebewesen und bietet 24 Stunden am Tag alles in einem. Den Mutterkuchen nach einer Geburt gewaltsam zu holen, ist übrigens nicht nur eine Unsitte (die meist im Krankenhaus stattfindet), sondern darüber hinaus für die Mutter auch höchst gefährlich. Es kann durch eine solche Maßnahme zu starken Blutungen kommen, nämlich dann, wenn Teile der noch nicht zur Geburt bereit gewesenen Plazenta in der Gebärmutter zurückbleiben und später daher operativ entfernt werden müssen. Lass die Plazenta deshalb, genau wie das Kind, von sich aus kommen! Dein Gefühl wird dir sagen, ob du leicht andrücken sollst oder an der Nabelschnur ziehen darfst, um sie sanft aus dir herausgleiten zu lassen. Oftmals löst sich die Plazenta auch beim ersten Stillen – hab Geduld, Panik und Hektik sind hier fehl am Platz und können dich und deine inneren Organe schwer verletzen!

Nachwehen: Krampfartige Nachwehen können, vor allem bei Mehrgebärenden, einige Tage Schmerzen verursachen. Stille dein Baby nach Bedarf, damit sich deine Gebärmutter gut zusammenziehen und zurückbilden kann und sich die Wundfläche, wo die Plazenta angewachsen war, wieder verschließt. Durch das Stillen erhält dein Körper Botenstoffe, die ihm klar machen: Das Baby ist nun draußen, du kannst mit der Regeneration beginnen. Nachwehen tun dann besonders weh, wenn sich der nach draußen zu befördernde Inhalt der Gebärmutter (hauptsächlich Blut und Schleimhautreste) vor dem Muttermund staut. Wurde der Muttermund nach der Geburt schnell sehr eng, werden die Nachwehen eher als „geburtsmäßig" empfunden. Frauenmantel-Tee und Wärme entkrampfen den Muttermund, ein häufiges Entleeren der Blase auf der Toilette kann ebenfalls entspannend wirken.

Orgasmus und Geburt: An einer Stelle deines Körpers, wo du mittels Nervenreizleitung sehr starke Orgasmen verspüren kannst, wirst du auch jetzt spüren, dass etwas vor sich geht. Alles andere wäre unnormal, und daher wird die sogenannte „Eröffnungsphase", also jene Phase, in der sich der Muttermund ähnlich einer Blüte auftut, um dein Kind zu entlassen, etwas sehr Besonderes für dich werden. Du kannst dieses Eröffnen vor der Geburt des ersten Kindes bei deinen Regelblutungen zwar ansatzweise nachempfinden, jedoch wird die erste echte Geburt deine kühnsten Vorstellungen übertreffen. Vielleicht hattest du in der Vergangenheit bereits Spaß beim Sex und bist gut zu deinem Höhepunkt gekommen, wenn du dir ab und an etwas Größeres als die normale Penisgröße eingeführt hast. Eventuell warst du damals schon neugierig, wie es sich anfühlen würde, komplett „ausgefüllt" zu werden. Doch nun reizt du deinen Körper voll aus, und zwar an einer Stelle, die dir noch nie innerlich massiert wurde. Du öffnest mit dem Muttermund ein Tor in dir, das normalerweise dafür sorgt, dass keine unwillkommenen Gäste wie z.B. Keime in dir hochsteigen. Vor allem aber schützt der Muttermund das Ungeborene in seiner Fruchtblase während der Zeit der Schwangerschaft wie ein Wächter und geht nicht eher auf, als bis er das Signal dafür erhält. Manche Frauen empfinden orgiastische Gefühle bei einer Geburt. Lass dich überraschen und sei für alles offen, nicht nur sprichwörtlich.

Privatgeburt: Hausgeburten werden von Insidern auch als „Privatgeburten" (lat. „in privato" = „zu Hause") bezeichnet, weil sie zu Hause, also privat, und (weitgehend) ungestört ablaufen. Lies, wie andere Mütter ihre Hausgeburten geplant, vorbereitet und erlebt haben im großen Internetforum ***www.privatgeburt.de***.

Rasur: Wo rasiert wurde, gibt es eventuell kleine Schnitte, die verheilen müssen (aua, das kann richtig doll weh tun, also aufpassen!) und außerdem Haare, die nachwachsen. Beim Durchdringen der Hautschichten können sich kleine Entzündungspunkte bilden (ähnlich den dir bekannten „Mitessern") und dann etwas Ärger verursachen. Pople und quetsche nicht herum, sondern warte darauf, bis das Haar von alleine durchkommt – vor allem, wenn sich die rasierte Stelle an einer intimen Körperstelle von dir befindet.

Reifes Kind*: Folgende körperliche Merkmale können darauf hindeuten, dass dein Kind herangereift ist und bald geboren werden will: Mehr als 2 cm Abnahme des Bauchumfangs (immer an der gleichen Stelle messen! Markieren mit Kugelschreiber); mehr als 2 Pfund Gewichtsabnahme; dein Gefühl, nicht mehr im „Aufbau“ zu sein; deutlich weniger Kindesbewegungen (das Kind wird „matt“, schläft viel); Oszillations-Einschränkung im CTG (5-Minuten-CTG).

Rhesus-Prophylaxe*: Die Anti-Rh-Spritze vernichtet eine bestimmte Anzahl von kindlichen rhesuspositiven roten Blutkörperchen, die durch eine Verletzung der Plazenta (bei Vorderwandsitz) in den mütterlichen Kreislauf übertreten können. Möglichkeiten einer solchen Verletzung sind: a) während der Schwangerschaft, z.B. Bauchtrauma durch Unfall / Stoß- oder Trittverletzung, Anwendung punktueller Gewalt, z.B. bei der äußeren Wendung einer Steißlage; b) während der Geburt: Sectioschnitt durch die Vorderwandplazenta, heftiges Kristellern; c) nach der Geburt des Kindes: gewaltvoller Nabelschnurzug an der noch ungelösten Plazenta, manuelles Auspressen der Nachgeburt durch den sogenannten Credé-Handgriff. Wenn dabei kindliche rhesuspositive Blutkörperchen (15 Prozent der Kinder sind rhesus-negativ – hier gibt es diesbezüglich keine Gefahr) ins mütterliche Blut gelangt sind, ist die Spritze sinnvoll. Denn so wird vermieden, dass sich mütterliche Antikörper bilden können, die sich im Falle einer nächsten Schwangerschaft mit einem Kind der gleichen Rhesus-Ausprägung („positiv“) negativ auf das Blut des Ungeborenen auswirken können. Gibt es keine rhesus-positiven Zellen im Blut der Mutter, vernichtet die Spritze einfach eine gewisse Anzahl roter rhesus-positiver Blutkörperchen beim Ungeborenen. Da das Kind aber genug Blutkörperchen nachbildet, wenn etliche durch die Spritze zerfallen, geht man davon aus, dass das ganze Manöver für das Kind zwar nicht gesundheitsförderlich, aber dennoch harmlos (weil kompensierbar) ist. Wenn beide Elternteile rhesusnegativ sind, erübrigt sich der Eingriff per se, weil es zu keiner Antikörperbildung kommen kann (die sich auf das nächste Kind auswirken könnte). Denn hier weiß man, dass alle Kinder nur „rhesus-negativ“ sein können. Falls die Eltern kein weiteres Kind mehr planen, erübrigt sich die Spritze auch. Aber: Man weiß ja nie ... Wissenswert ist, dass die Antikörper der Spritze aus menschlichem Blut ausgefiltert werden, welches vor der Verarbeitung auf bekannte und untersuchbare Erreger getestet wurde. Das Restrisiko besteht darin, dass derzeit noch unbekannte Krankheitsverursacher unerkannt bleiben und somit unter Umständen über die Spritze verabreicht werden. Außerdem sind Untersuchungsfehler nie ganz auszuschließen.

Rizinus-Cocktail*: Rizinus wird im Krankenhaus, aber auch in der Hausgeburtshilfe, bisweilen zu Einleitungsexperimenten missbraucht. Lass besser die Finger davon! Rizinus scheint theoretisch nämlich in der Lage zu sein, bei bestimmten Frauen eine unphysiologisch hohe Menge an Botenstoffen (Prostaglandine, Histamine) freizusetzen. Das kann eine vorzeitige Plazentalösung verursachen, wobei sich diese hinsichtlich der Versorgung des Kindes genauso auswirkt wie ein zugezogener Knoten in der Nabelschnur oder ein abruptes Abreißen der Nabelschnur. Dies bedeutet: Akute Lebensgefahr für das Kind! Der Körper versucht, sich durch eine Notfallgeburt zu helfen, bei der die Frau kaum noch zum Atmen kommt und sich hinterher fühlt, als wäre sie von einer Dampfwalze überrollt worden. Für die erste wichtige Bindungsphase mit dem Kind hat sie dann keine Reserven mehr. Bei einer derart heftigen Wehentätigkeit, wie sie bei Notfallgeburten der Fall ist, kann eine Schwachstelle (z.B. Uterusnarbe nach Kaiserschnitt) überlastet werden und aufplatzen, man spricht dann von einer „Ruptur". Rupturen sind gefürchtete Geburtskomplikationen und können für Mutter und Kind tödlich verlaufen. Im Zustand nach Kaiserschnitt(en), aber auch sonst, dürfen daher keine wie auch immer gearteten Einleitungsexperimente an der schwangeren Frau vorgenommen werden.

Schluckimpfung: Bei einer Geburt durch den Muttermund und das Scheidengewölbe nach außen nimmt das Kind Mamas Vaginalflora „in den Mund". Es empfängt so gesehen seine erste Schluckimpfung und eine wichtige „Starterkultur" von Bakterien, die sich im Darm des Neugeborenen ansiedeln und vermehren. Eine Schnittentbindung („Kaiserschnitt") erfolgt aus dem Bauch heraus, hier findet keine automatische Beimpfung mit Keimen der Mutter statt, was sich im späteren Leben des Kindes als nachteilig herausstellen kann (z.B. vermehrte Neigung zu Allergien und Hautkrankheiten). Der Geburtsweg, den die Natur für das Kind ausgesucht hat, ist kein Zufall, sondern seit Hunderttausenden von Jahren erprobt.

Schwangerschaft: „Schwangerschaft ist keine Krankheit", heißt es, aber es liegt an dir, das Beste aus deinem abenteuerlichen Zustand zu machen. Abenteuerlich deshalb, weil es reichlich seltsam ist, ein Lebewesen in seinem Bauch wachsen zu spüren. Den zarten Flügelschlag eines Schmetterlings, wenn du erste Bewegungen deines Babys bewusst wahrnimmst, wirst du vielleicht nie mehr vergessen, und später dann kannst du mit deinem Kind sogar Füße kitzeln spielen. Beulen und Dellen entstehen auf deinem Bauch, wenn innen „geturnt" wird, und besonders lustig ist es, wenn das Ungeborene Schluckauf hat. Bei speziellen Fragen zur Schwangerschaft kannst du dich an erfahrene Mütter, aber natürlich auch an spezielle Fachfrauen, die Hebammen, wenden. Sie sind dazu ausgebildet, Schwangerschaft und Geburt natürlich zu begleiten und können dir neben Geburtsbeistand auch Schwangerschaftsvorsorge anbieten – und vor allem ein offenes Ohr für deine Fragen und eine Schulter zum Anlehnen, wenn dir alles zu viel zu werden droht. Nicht jede Hebamme wirst du automatisch sympathisch finden. Suche dir daher eine, die gut zu dir passt und hör auf dein Bauchgefühl. Vielleicht hat eine Freundin einen Tipp für dich, was die Hebammensuche angeht. Hebammen suchen und finden kannst du auch im Privatgeburt-Forum unter ***www.privatgeburt.de.***

Sex und Prostaglandine: Sex mit Spermagabe kann sich positiv auf die Erweichung des inneren Scheidengewebes, vor allem des Muttermundes, auswirken. Unter anderem die natürlichen Prostaglandine im Sperma des Mannes bewirken, wenn sie auf den Muttermund treffen, dass sich dieser leichter eröffnen kann. Sie wirken gefäßerweiternd und können bei einer Geburt dienlich sein, wenn der Körper Wehen machen möchte, um das vollständig ausgereifte Kind zu gebären.

Tragetuch: Ein Tragetuch kann die kürzlich beendete innere Bindung äußerlich fortführen und außerdem den Alltag einer Mutter ganz wesentlich erleichtern. Du kannst das Tuch bereits für neugeborene Kinder verwenden, denn es gibt spezielle Bindeweisen, die für jedes Alter und jede Kindergröße passend sind. Für den Anfang empfiehlt sich unter Umständen ein sehr anschmiegsames elastisches Tuch. Lass dich von deiner Hebamme, einer Trageberaterin oder einer im Tragen erfahrenen Freundin beraten, damit du das Tuch richtig bindest. Im Internet findest du das größte deutschsprachige Forum zum Tragen unter ***www.stillen-und-tragen.de***.

Verhütung nach der Geburt: „Stillen ist der Vater vieler Kinder", heißt es. Verlasse dich daher nicht auf das Stillen als alleinige Verhütungsgarantie, denn manche Frauen haben, obwohl sie voll stillen und nicht zufüttern, bereits wenige Wochen oder Monate nach der Geburt ihre Regelblutung bzw. ihren Eisprung wieder. Mittels sympto-thermaler Methode (NFP, Natürliche Familienplanung) lernst du, deinen Stillzyklus zu deuten und unfruchtbare Tage auszulesen. Wenn dir das aber zu aufwändig und kompliziert erscheint und deine Nächte häufig unterbrochen werden, die Aufwachtemperatur somit „ungültig" ist, dann greife zum Beispiel auf Kondome oder ein Diaphragma zurück. Du kannst dich auch mit deiner Hebamme besprechen, denn Verhütung ist für sie kein Fremdwort und Lust nach der Geburt eine ganz wundervolle Sache. Vielleicht freust du dich auch über ein baldiges Geschwisterkind für dein Baby, dann lass die Verhütung nach der Geburt ganz einfach beiseite und gib deinen Trieben bedingungslos nach. Es könnte jedoch sein, dass du einige Monate oder sogar Jahre auf eine neue Schwangerschaft warten musst, bis sich nämlich dein Körper regeneriert hat und mit einer erneuten Befruchtung einverstanden ist.

Wassergeburt: Du hast zu Hause nur eine Dusche, möchtest aber eine Wassergeburt? Besorge dir einen aufblasbaren Geburtspool und funktioniere dein Wohnzimmer oder einen anderen Raum zeitweise zum Wohnungs-Schwimmbad um. Geschäfte, die Geburtspools verkaufen, werden dich über die Besonderheiten von Wassergeburten informieren und auch über das Zubehör, das du dafür benötigst. Eventuell erfordert deine Heizung eine besondere Einstellung, um pünktlich zur Geburt ausreichende Mengen an Warmwasser produzieren zu können. Dein Partner bzw. deine Hebamme können dir in der Vorbereitung auf eine Wassergeburt hilfreich unter die Arme greifen. Übrigens: Auch in einer Regentonne lässt sich wundervoll und heimelig gebären, und manche Frauen wählen sogar das offene Meer, um ihr Kind rauszulassen.

Wochenbett: Lass dich verwöhnen in den ersten Wochen nach der Geburt und leg dich hin, wenn dir danach ist. Du bist gerade Mutter geworden, das verdient höchsten Respekt! Verschiebe unnötige Tätigkeiten auf später und verliebe dich komplett in das Neugeborene. Die Geburt war ein Kraftakt, und Unterstützung kann im Wochenbett sehr wertvoll sein. Halte dir störende Besucher vom Leib, die von dir bewirtet werden und das Baby „angucken" wollen. Schlafe, wenn auch dein Kind schläft, so es sich einrichten lässt, denn wenn es wach ist, braucht es dich.

Wochenbettdepression: Die landläufig unter dem Begriff „Wochenbettdepression" (das Wochenbett bezeichnet etwa die ersten 8 Wochen nach der Geburt) geführte Verstimmungsphase von Müttern beschränkt sich nach Hausgeburten zumeist auf den berühmten „Heultag" (in der Woche nach der Geburt, wenn die reife Frauenmilch einschießt). Wenn du jedoch merkst, dass du darüber hinaus „leerläufst" und dir die Kraft für dich selbst und für dein Kind ausgeht, dann wende dich an deine Hebamme, TherapeutIn, ÄrztIn und sprich auch im privaten Umfeld über deine unbefriedigende Situation. Mutter zu werden und zu sein ist Hochleistungssport, wobei dir der Leitsatz helfen mag, dass du nicht die beste aller Mütter zu sein brauchst, sondern nur eine hinreichend gute. Das heißt, dass du zunächst vor allem gut für dich selbst sorgst, deine Bedürfnisse kennst und weißt, wie du diese erfüllen kannst. Auf diese Weise hast du auch ausreichend Kraft und Motivation, die Bedürfnisse deines Kindes zu erspüren und zu erfüllen. Dein Kind wird auch das Un-Perfekte an dir lieben, also schraube – vor allem in der Anfangszeit – die Ansprüche an dich selbst herab und lass alle Fünfe auch mal gerade sein. Kümmere dich, am besten schon vor der Geburt, um Unterstützung im Haushalt / Alltag, vor allem dann, wenn schon größere Geschwisterkinder versorgt sein wollen und dein Partner auswärts arbeiten geht. Es gibt soziale Einrichtungen, die Unterstützungsangebote anbieten, und auch sogenannte „Mütterpflegerinnen“ sind in einigen Städten aktiv. Erkundige dich rechtzeitig bei deiner Sozialversicherung, welche Leistungen sie übernimmt. Übrigens: Die meisten Hebammen bieten Wochenbett-Nachsorge und Stillbetreuung an, was jedoch nicht bedeutet, dass deine Hebamme für dich einkaufen, kochen oder putzen wird.

Wochenbettsuppe: Hühnersuppe hat sich als Wochenbettsuppe bewährt. Wähle ein Rezept, das dir schmeckt, oder probiere das folgende aus: 4 Liter kochendes Wasser plus 1 Esslöffel Thymian; 1 Stück Sellerie; 4 kleine Möhren (oder 2 Pastinaken); 4 Kartoffeln (oder 2 Süßkartoffeln); 1 Teelöffel Liebstöckel; 1 bis 2 Knoblauchzehen; 1 Stück frischer, geschälter Ingwer (ca. 1 bis 1,5 cm lang); 1 Prise Pfeffer; eine halbe Tasse schwarze Bohnen, die zuvor über Nacht eingeweicht und dann gründlich gewaschen wurden; ca. 2 Hühnerschenkel (bei viel Fett dieses entfernen) oder auch ein kleines Suppenhuhn. Die Suppe wird nach sorgfältigem Hinzufügen jeder Zutat für etwa vier Stunden zugedeckt auf kleinster Flamme gekocht. Nach dem Kochen werden die Inhaltsstoffe entfernt und nur die Essenz getrunken. Du kannst diese „Kraftsuppe“ dreimal täglich warm in einer kleinen Schale einnehmen, entweder pur oder in Kombination mit etwas Getreide wie Reis, Hirse oder Amarant. Sollte die Suppe vorgekocht und eingefroren werden, muss sie nach dem Auftauen für wenigstens noch einmal zehn Minuten köcheln. (Danke für das Rezept an Heilpraktikerin Ruthild Schulze aus Berlin, Dozentin für Chinesische Medizin)

Zufüttern: Dein Baby braucht nach der Geburt nicht zugefüttert zu werden (Glukoselösung, Muttermilch-Ersatznahrung), denn du hast ja zwei Brüste. Lege dein Kind rasch nach der Geburt und ab dann nach Bedarf an und verabreiche ihm auf diese Weise die wertvolle „Vormilch“, auch „Kolostrum“ genannt. Das Saugen deines Kindes an deiner Brust, auch als „Stillen“ bezeichnet, wird den Übergang zur reifen Frauenmilch fördern, und nach wenigen Tagen erfolgt der „Milcheinschuss“, bei dem du deine superprallen Brüste unbedingt fotografieren solltest. Wenn du dich genauer mit Annas Stillerfahrungen beschäftigen möchtest, lies doch einfach ihr Buch „Still die Badewanne voll!“ (edition riedenburg, Salzburg).

** Quelle dieser Information: Ärztin Anna Rockel-Loenhoff, Unna*

Mein schwangeres Gefühl

Nur du weißt, wie es dir wirklich geht.
Halte deine schwangeren Erinnerungen für später fest …
und wenn du willst, auch die Erinnerungen an die Geburt.